小康大美

——我们的小康之路

《小康大美》编写组 编

小学版

南京大学出版社

图书在版编目(CIP)数据

小康大美：我们的小康之路：小学版 /《小康大美》编写组编. —南京 ：南京大学出版社，2020.5

ISBN 978-7-305-23011-0

Ⅰ. ①小… Ⅱ. ①小… Ⅲ. ①小康建设－中国－少年读物 Ⅳ. ①F124.7－49

中国版本图书馆 CIP 数据核字(2020)第 036921 号

出版发行 南京大学出版社
社　　址 南京市汉口路 22 号　　邮编 210093
出 版 人 金鑫荣

书　　名 **小康大美**——我们的小康之路(小学版)
编　　写 《小康大美》编写组
责任编辑 赵玉婷　金春红　　编辑热线 025-83686596
审　　读 戴金芳

照　　排 南京开卷文化传媒有限公司
印　　刷 南京人民印刷厂有限责任公司
开　　本 880×1230 1/32 印张 6 字数 170 千
版　　次 2020 年 5 月第 1 版　2020 年 5 月第 1 次印刷
ISBN 978-7-305-23011-0
定　　价 18.00 元

网　　址：http://www.njupco.com
官方微博：http://weibo.com/njupco
官方微信号：njupress
销售咨询热线：(025)83594756

前言 | Preface

2020 年,是我国全面建成小康社会和“十三五”规划收官之年。

千百年来困扰中华民族的绝对贫困问题,即将历史性地画上句号,我们将实现第一个百年奋斗目标。中华民族的千年梦想,将在我们这一代人手中实现。

全面小康社会,意味着我们中国,成为综合国力显著增强的国家;成为人民幸福、环境良好的国家;成为具有更高文明素质和精神追求的国家;成为充满活力而又安定团结的国家;成为对外更加开放、为人类文明作出更大贡献的国家。

这是中华民族复兴征程上的重要里程碑,也是人类发展史上的伟大传奇。

我们党、我们国家、我们人民,在奋斗中,收获了更多的自信和勇气,更加坚定地走在中华民族伟大复兴的康庄大道上!

目录 | Contents

社会篇　奋斗铺就小康路

人物篇　一路英雄一路歌

英雄是民族最闪亮的坐标。他(她)们用行动证明,只要有坚定的理想信念、不懈的奋斗精神,脚踏实地把每件平凡事做好,一切平凡的人,都可以获得不平凡的人生;一切平凡的工作,都可以创造不平凡的成就。

许许多多光芒四射的中国英雄,为全面建成小康社会,作出了巨大贡献。我们学习英雄,铭记英雄;我们崇尚英雄,捍卫英雄。我们广大少年,一定要站在英雄的光辉旗帜下,和全国人民一起,为实现中华民族伟大复兴的中国梦,努力奋斗!

一、他(她)们是共和国功勋

1. 一位老人的秘密

2019 年,95 岁高龄的张富清获得很多的国家荣誉:“中国好人”“时代楷模”“全国模范退役军人”等,并获得“共和国勋章”的荣誉。那么张富清都做了哪些贡献呢?

张富清是一名光荣的中国共产党员,在战争年代,他靠着一名共产党员的信仰,为了祖国和人民不怕牺牲、出生入死,立下赫赫战功:有一次,在永丰战役中他带领突击组的战士们夜间上城,夺取了敌人两座碉堡,缴获两挺机枪,面对敌人的一次次反扑,他们顽强斗争,一直坚持到天明。他说:“我一直按我入党宣誓的去做……满脑子都是要消灭敌人,要完成任务……所以也就不怕死了。”

张富清获得的部分勋章

1955 年初,已是连职军官的张富清,面临退役转业的人生转折,听说湖北省西南部的恩施地区,条件艰苦,急缺干部,他二话不说，积极报名："我可以去！"张富清不提条件，没有要求，有的只是对事业、对人民的一片赤诚，他说："这里苦，这里累，这里条件差，共产党员不来，哪个来啊！"

此后几十年，张富清隐藏功名，把自己献给了湖北最偏远的地区——恩施市来凤县，献给了这片曾经与他毫无关联的贫穷山区。他用兢兢业业的付出，交出了一名老兵、一名老共产党员，对人民、对时代的忠诚答卷。

"从转业到离休，数十年如一日，张富清像一块砖头，哪里需要就往哪里搬。乐观、朴实、真诚……"在大家的印象中，他就是这样一个平凡的人，和普通老百姓没什么差别。当年单位做精简职工的工作，他先动员妻子"下岗"；单位有招工指标，他对儿子搞"消息封锁"……

在熟人和子女眼里，他是一位温和慈祥的长者。60 多年来，他刻意尘封自己的功绩，连自己的亲生女儿都不知情。95 岁时，湖北省来凤县在进行退役军人信息采集时，老人出示了一张泛黄的"立功登记表"，上面记录着他在解放战争时期荣立一等功 3 次，二等功 1 次，攻占摧毁敌人碉堡4座,多次充当突击队员,在战火中九死一生……直到这时,人们才知道,这是一位有着卓越功勋的人民英雄。

点赞英雄

老英雄张富清,60多年深藏功名,一辈子坚守初心、不改本色,事迹感人。在部队,他保家卫国;到地方,他为民造福。

他用自己的朴实坚贞、淡泊名利,书写了精彩人生!

2. 用小草拯救了世界

屠呦呦,出生在浙江省宁波市。呦呦,意为鹿鸣之声,取自《诗经》"呦呦鹿鸣,食野之苹"一句。

学生时代的屠呦呦,因为踏实和勤奋,学习成绩一直名列前茅。25岁那年,她以优异的成绩,从北京医学院药学系毕业,被分配到卫生部直属的中医研究院。从此,她埋头中药研究,一干就是半个世纪。

1969年初,中医研究院任命屠呦呦为科研组组长,参加抗击疟疾的"523"项目。作为科研组组长,她带领团队成员,从系统整理历代医籍入手,四处走访老中医,先后调查了2 000多种中草药制剂,选择了其中640种可能治疗疟疾的药方,最后,从200种草药中,得到380种提取物,进行小白鼠抗疟实验。

然而,实验进行了190次,始终没有获得满意结果,研究一度陷入绝境。面对这种情况，屠呦呦没有气馁，没有停止探索的脚步。

有一天，屠呦呦一部接一部地翻阅着古代医药典籍，期望能获得一点线索或灵感。翻着翻着，她突然眼前一亮，一行文字令她激动不已。那是东晋葛洪的《肘后备急方·治寒热诸疟方》中的一句话："青蒿一握，以水二升渍，绞取汁，尽服之。"她注意到，这里记载的取汁方法，与常规做法不同，不是煎熬，而是"绞取"——这是否意味着青蒿里的有效物质，不能高温煎熬呢？

想到这里，屠呦呦立即改用沸点较低的乙醚进行实验。终于在 60 ℃下，获得了青蒿提取物，发现它对疟原虫的抑制率，高达 100%。

190 次实验，190 次失败，191 次从头再来，终于在第 191 次实验中，取得了成功！

瑞典卡罗琳医学院宣布，中国女科学家屠呦呦，获得 2015 年诺贝尔生理学或医学奖，用以表彰她在疟疾治疗研究中取得的成就。

屠呦呦，由此成为第一位获得诺贝尔科学奖项的中国本土科学家、第一位获得诺贝尔生理医学奖的华人科学家。

点赞英雄

屠呦呦，用青蒿小草，拯救了世界。不畏艰难、甘于寂寞、脚踏实地、甘于奉献……这就是屠呦呦及其团队的精神！

3."杂交水稻之父"

袁隆平,一生致力于杂交水稻的研究,他的梦想就是要让杂交水稻覆盖全球。目前,杂交水稻已推广到全世界 20 多个国家和地区,不仅解决了中国人的温饱问题,保障了国家粮食安全,也为世界粮食供给,作出了巨大贡献。

经历过饥荒的袁隆平,立志用农业科学技术解决粮食增产问题。他发明"三系法"籼型杂交水稻,成功研究出"两系法"杂交水稻,创建了超级杂交稻技术体系,大大提高了粮食的产量。2017 年,他的超级杂交水稻百亩示范片,平均亩产达 1 152.3 千克,最高亩产达 1 209.5 千克,再次刷新了世界纪录。

袁隆平继续出发。2017 年 9 月 28 日,由袁隆平领衔的技术团队,培育出最新一批海水稻,在位于青岛市海水稻研发中心的海水稻田实地测产,结果最高亩产达到 620.95 千克!

漫画:禾下乘凉

这次海水稻试种成功,意味着我国数亿亩盐碱地变成良田,将指日可待。

袁隆平说,全球有 142.5 亿亩盐碱地,亚洲有 48 亿亩。

中国有15亿亩盐碱地，其中约3亿亩可以开发利用。这些盐碱地如果种上高产海水稻，粮食增产前景十分广阔。

海水稻的试验成功，不仅能改造盐碱地，而且能增加粮食总产量，对保证我国和世界的粮食安全，意义重大。

袁隆平喜看海水稻

点赞英雄

被称作“杂交水稻之父”的袁隆平，又出发，开始研发海水稻。海水稻是优质稻，富含硒。中国是一个人口大国，耕地不多。如果能开发盐碱地，变废为宝，真的是一个大好消息。

我们为袁隆平以及广大农业科技工作者点赞，向他们致敬！

4. "于敏构型"氢弹

1944 年,于敏考进大学。大学时代,他在理论物理方面表现出来的天赋和惊人的记忆力、领悟力,赢得教授们的普遍欣赏。

1951 年,于敏以优异的成绩毕业。不久,就被慧眼识才的领导,调到中科院近代物理研究所。25 岁的于敏,开始了他的科研生涯。

经过几年的努力,于敏在原子核理论方面作出了令人瞩目的成绩。后来,他带领原子核理论小组,撰写了我国第一部原子核理论专著《原子核理论讲义》。

于敏做报告

20 世纪 60 年代,于敏临危受命,和一大批老一辈科研人员,负责研究氢弹。那个时候,世界上能真正研制出氢弹的国家很少，中国无法从别国获得帮助，只能自己研制。

1965 年，在于敏的组织和部署下，他们突破了氢弹原有理论，发明了世界上独一无二的“于敏构型”。世界上有两种氢弹构型，一种是美国的 T－U 构型，另一种就是“于敏构型”。与美国的氢弹构型相比，于敏独创的“于敏构型”更加出色。

于敏没有出过国，在氢弹的理论探索中，他从一张白纸开始，不断奋进，一步一步攻克了诸多难题。

研制氢弹需要计算大量烦琐的数据，当时，我国只有一台每秒万次的电子管计算机，并且大部分时间都还用于原子弹的研制。于敏只能带领同事们，用计算尺，废寝忘食地计算。于敏记忆力惊人，硬是将氢弹所需要的高难度数据算了出来。

1967 年 6 月 17 日，一架战机在新疆罗布泊上空，投下一个降落伞，伴随着雷鸣般的响声，蘑菇云随之升腾而起。我国第一颗氢弹空投爆炸试验，成功了！

从第一颗原子弹到氢弹，美国用了 7 年零 3 个月，英国用了 4 年零 7 个月，法国用了 8 年零 6 个月，而中国仅仅用了 2 年零 8 个月，这是世界上最快的速度。在氢弹的研制过程中，于敏提出从原理到构型基本完整的设想，成为中国氢弹研制的关键人物。

于敏一生只有两次公开露面：一次是 1999 年，国家为“两弹一星”元勋授奖；另外一次，是 2015 年 1 月 9 日，国家科技奖颁奖，于敏成为 2014 年度最高科技奖的唯一获

中国第一颗氢弹试验成功

得者。

2019 年 1 月 16 日，国之栋梁，被称作中国“氢弹之父”的于敏，离开了我们，享年 93 岁。

点赞英雄

隐姓埋名 30 年，他用一生护卫着祖国和人民。

“一个人的名字，早晚是要没有的。能把微薄的力量，融进祖国的强盛之中，便聊以自慰了。”这是于敏生前的自白。

今天，当我们再次提起于敏这个名字，他已成为中国精神的丰碑。

5. 任时最长的人民代表

申纪兰是位来自山西省平顺县西沟村的普通农家妇女。但是她所做的事情可不普通。在中华人民共和国成立初期,为了维护中国妇女的劳动权利,她最早提出《男女同工同酬》的倡议,她的这个倡议被写入中华人民共和国的第一部《宪法》。

申纪兰 17 岁嫁到太行山夹缝中的贫穷村——西沟村。1951 年,村里成立合作社,申纪兰当了副社长。为了让全村人填饱肚子,申纪兰想尽办法探索山区发展之路,带领大家脱贫致富。当 54 岁的申纪兰从省妇联主任岗位卸任后,她又立即回到家乡西沟,做起了一个普通农民。这些年,申纪兰继续带领西沟人民,建成香菇大棚,培育新型产业,引进光伏发电,发展绿色生态旅游……申纪兰说,她和西沟乡亲们一起,在为脱贫奔小康的理想,不停奋斗。

申纪兰还有一个身份是全国人大代表,并且是中国唯一一位连任 13 届的全国人大代表。

1954 年 9 月的一个早晨,梳着两条大辫子的申纪兰,穿着连夜缝制的一身蓝色卡其布新衣,“骑上毛驴去见毛主席”,去北京参加第一届全国人民代表大会。

当时,从村子到城里,山连山,沟套沟,毛驴走了 7 个小时,火车又把她带到北京。从家乡到中南海怀仁堂,她一共用了 4 天。

“当人大代表,就要代表人民,代表人民说话,代表人民

申纪兰在第一届全国人大一次会议上投票

办事”,申纪兰是这么说的,也是这么做的。从 1954 年开始,在履行人大代表职责的路上,申纪兰整整奋斗了 65 年。这 65 年她记不清已经提交了多少建议和议案,有加强农业基础地位的,有珍惜合理使用土地的,有减轻农民负担的,有改善山区公路交通的,有发展农村教育的,都是以“三农”问题为核心,与农民的切身利益息息相关。

从 1973 年到 1983 年,申纪兰担任了 10 年山西省妇联主任,她始终遵循“六不”约定,即:不转户口,不定级别,不领工资,不要住房,不调动工作关系,不脱离劳动。如今,年岁已高的她仍在为老区人民脱贫致富奔波忙碌着。

点赞英雄

申纪兰,从 1954 年起,出席了历届历次全国人民代表大会,亲历了人民代表大会制度的发展历程,见证了新中国成立 70 年来取得的辉煌成就。

时代变迁,但年近九旬的申纪兰初心不改、矢志不渝,仍然忠实地履行着全国人大代表的职责。

申纪兰,人民的公仆,国家的功臣!

二、他(她)们是国家荣誉

1. 大庆"新铁人"

"人民楷模" 王启民,敢于挑战油田开发极限,攻克一道道技术难关,创造多项世界纪录。他是新一代石油人的杰出代表,为"铁人精神"赋予了新的时代内涵。

1960年,还在北京石油学院读书的王启民,来到刚开发的大庆油田实习。当时,几万大庆职工吃苦找油的场景深深震撼了他,毕业后他毅然选择重返大庆油田,为油田作贡献。

当时,有外国专家宣称"中国人根本开发不了这样复杂的大油田"。但是在"铁人"王进喜精神的鼓舞下,王启民决定靠自己的力量,闯出中国自己的石油开发之路。

大庆油田采油景观

挑战迎面而来。大庆油田地下构造千

差万别,有富油层,也有薄差油层。王启民通过不断试验,提出"非均匀"注采理论,使日产百吨以上的高产井成批涌现,大大提高了大庆油田的原油产量。

20 世纪 70 年代,随着原油产量的增加和开采程度的加大,油井平均含水明显上升,油田开发又一次面临严峻的考验。

为了解决这一矛盾,王启民和同事们在油田西部开辟试验区,吃、住、办公几乎都在现场。就这样王启民和团队坚持了 10 年。在这 3 000 多个日夜里,他们白天跑井,晚上做分析,终于绘制出大庆油田第一张高含水期地下油水饱和度图,揭示了油田各个含水期的基本规律。1976 年,大庆油田年产原油达 5 000 万吨。

为接续高产稳产,王启民又把目光瞄向了表外储层,这是被国内外学界认定为"废弃物"的油层。在质疑声中,一次次失败、一次次纠错、一次次重来……王启民带队,对 1 500 多口井逐一分析,终于找到了开发表外储层的"金钥匙"。这项技术使得大庆油田新增地质储量 7 亿多吨、可采储量 2 亿吨。

王启民

如今,年过八旬的王启民,还坚持每天来到办公室。"退而不休"的他,又开展起新能源的技术研究。

点赞英雄

王启民，大庆“新铁人”，为祖国建设发展，源源不断地“加油”；他是新一代石油人的杰出代表，为“铁人精神”赋予了新的时代内涵，获得了“人民楷模”国家荣誉称号！

2. 气壮山河的守岛民兵

“人民楷模” 王继才，为国守岛30余年，事迹感人肺腑，气贯长虹。

开山岛，位于黄海前哨。面积仅有0.013平方千米。这里没电没淡水，有的只是野草遍地、海风呼啸。

开山岛虽是弹丸之地，但地理位置十分重要，是一个国防战略岛。由于岛上生活艰苦，上岛值守的民兵中，最长的待了13天，最短的只待了3天。只有王继才，一待就是32年。

中国开山岛

32 年,一口水窖、三只小狗、四座航标灯、数十棵被吹歪的苦楝树、200 多面升过的旧国旗,勾勒成了王继才的守岛岁月。

★守岛,艰难的岁月

开山岛上四面皆海,没有淡水,原来靠登陆艇送水,每送一次要烧几千元的油。王继才是个过惯了苦日子的人,一算账,他心疼了。他说:"不要送了,就靠岛上的蓄水池,下雨的时候接雨水。"靠着雨水,王继才夫妇在岛上生活了很多年。

开山岛上没有正常的物资保障。每逢天气恶劣时,船只无法出海,开山岛便成了与世隔绝的孤岛。特别是守岛的前 10 年里,如何度过没粮、没火的寒冬时节,经常是摆在王继才夫妇面前的难题。那短短的距岸边 12 海里的航程,仿佛是难以逾越的天堑。

王继才夫妇在开山岛上

1992年2月4日，是王继才登岛后，一家人在开山岛上度过的第六个春节，也是全家记忆里最刻骨铭心的一个冬天。那天，强热带风暴来得迅速又猛烈。呼啸的狂风，把固定在窗框上的两三层透明塑料布，一下子就吹破了。雨水也立刻"哗哗"地流淌进来。

沿着石阶巡逻

王继才赶忙找出锤子、钉子，冲到窗前忙碌起来。王仕花则带着孩子，慌忙地"抢救"堆在床上的被子、衣服等御寒物品。

而隔壁堆在地上的十多块煤球，早湿了大半，放在窗台上用于点火的打火柴，也在水里泡得湿透了。

风暴后的第三天，岛上彻底断粮了。剩下的三四块煤球被水泡得化成了渣。没有火种，他们只能过起原始人的生活——吃生牡蛎。

就这样一直熬到了渔船出海的日子。春节后，在王仕花举着的红衣服的召唤下，出海渔船靠了过来。拿到吃的，看着孩子们狼吞虎咽的样子，王仕花坐在一边号啕大哭……

★守岛，从升旗开始

每天早上5点，王继才夫妻俩准时在岛上举行两个人的升旗仪式：王继才负责展开国旗，喊声响亮的"敬礼"；王仕花站得笔直,仰着头,边敬礼边注视着五星红旗。

王继才

没有人观看,没有人监督,王继才却特别较真。有一次,岛上断粮,王继才吃了生的海贝海螺,一夜跑几趟厕所。第二天,他照样爬起来去升旗。看着丈夫一脸憔悴,王仕花说:“今天我一个人升旗就行了,岛上就咱俩,少敬一回礼没人看到。”“那怎么行?”王继才艰难地坐起来,穿好衣服,摇摇晃晃地向升旗台走去。

在王继才心里,这里就是祖国的东门,必须升起国旗,“守岛就是守国”,这是王继才的初心,也是王继才夫妇的精神支柱。

2018 年 7 月 27 日,王继才因病医治无效,在老家灌云县去世,终年 59 岁。

点赞英雄

王继才,用青春和热血,守岛 32 年;用坚守和付出,在平凡岗位上,书写了不平凡的人生华章。他的故事,感人肺腑,气壮山河!他的爱国奉献精神,永远值得我们学习和传承。

王继才,时代楷模,人民英雄!我们向你致以最崇高的敬意!

3. 纯粹的科学家

“人民科学家” 程开甲，我国核武器事业的开拓者之一，先后参与和主持首次原子弹、氢弹试验，以及“两弹”结合飞行试验等多次核试验，人称“中国核司令”。

程开甲

1960年，一纸调令，将程开甲来到北京，加入中国核武器研究队伍。从此，他隐姓埋名，在学术界销声匿迹20多年。

程开甲受命牵头起草了中国首次核试验总体技术方案。为圆满完成中国第一次核爆任务，他和他的团队，把核试验需要解决的问题，分解成上百个课题，走遍全国各科研院所和各军兵种许多单位，召开了几百次协作会议。在不到两年的时间里，上下通力合作，很快研制出了上千台测试、取样、控制等各类实验设备和仪器。

1964年10月16日，我国第一颗原子弹在罗布泊爆响。这一声巨响，不但让世界重新认识了中国，而且让所有炎黄子孙扬眉吐气。那一晚的庆功宴上，不大能喝酒的程开甲，足足喝了半斤白酒。

核爆炸试验成功后,为了掌握第一手材料,程开甲多次进入爆后现场,甚至爆心。有一次,进入测试廊道时,其中一段十多米的廊道,被挤压得直径只有80厘米,只能匍匐爬行。爆后现场,风险很大,程开甲坚持进入。

中国第一颗原子弹爆炸成功

事后,程开甲非常自豪。当年法国人进行第一次核试验没有拿到任何数据,美国、英国、苏联也仅仅拿到很少的一部分数据,而我们拿到了全部数据。

程开甲在科研上的勇气,还表现在坚持真理上。作为一名学者,他始终坚持不唯上、不唯书、只唯实。在各种学术讨论中,他与自己的上级争执过,与自己的同行争执过,与自己的下级争执过,在他的心中,没有权威,如果有,也是“能者为师”的学术权威。一次争执后,他诚恳地对普通技术员说:“我向你们道歉,上次的讨论,你们的意见是对的。”

程开甲

他一生获奖无数,对这些崇高荣誉,他有自己的诠释:“我只是代表,功劳是大家的。”程开甲,一名纯粹的科学家!

点赞英雄

罗布泊爆发的声声“春雷”，铸牢了中国国防的盾牌，挺直了中华民族的脊梁。陈开甲，几十年如一日，为祖国的强大默默奉献。这位人民科学家，是永远的英雄；祖国和人民，永远不会忘记他。

4. 一辈子就做一件事

“文物保护杰出贡献者” 樊锦诗，在大漠深处的敦煌莫高窟，一待就是54年，被誉为永远的“敦煌女儿”。

★为莫高窟带来了“永生”

樊锦诗，一个地道的城里娃。大学时，她就特别关注也喜爱莫高窟。1963年9月，樊锦诗来到了敦煌文物研究院，这一待便再也没离开过。

刚开始到敦煌，她并不认为自己会长久地待下去，因为这里的生活环境特别恶劣。莫高窟位于甘肃省最西端，气候干燥，黄沙漫天，冬冷夏热。工作人员一天只吃最简单的两顿，喝的是盐碱水；住的是破庙泥屋，没水没电，半夜还会有老鼠掉下来；也没有卫生设施，晚上想去厕所，还得摸黑走上好一段路，只能尽量不喝水，避免攀上爬下……

然而随着时间的流逝,敦煌,却渐渐成为她生命中不可割裂的一部分。

在敦煌50多年,樊锦诗走遍了大大小小七百三十五个洞窟,看遍了每一寸壁画、每一寸彩塑。她带领科研人员刻苦专研在石窟考古、佛教美术、文献研究等很多领域,都取得了新成果;主编的《敦煌石窟考古全集》,更是被专家们赞叹。

樊锦诗在工作

★构建"数字敦煌"

1998年,樊锦诗被任命为第三任敦煌研究院院长。此时的莫高窟名声越来越大,游客也越来越多,而每一个游客的到来都会影响洞窟内温度、湿度、空气的变化,加速壁画的褪色、老化、盐化。想到惊艳千年的艺术瑰宝,可能就此毁于一旦,樊锦诗坐立难安。

2003年,莫高窟在国内首创"旅游预约制",入洞人数得到了有效控制。为了既能保护好莫高窟,又能让更多的人欣赏敦煌的美丽与震撼，樊锦诗想到了利用现代技术。于是，她带领同事们奋斗10年，用了无数个日夜的坚持与打磨，一部全世界绝无仅有的高清球幕电影《梦幻佛宫》出炉了。电影放置在莫高窟洞外，却一样可以让所有人感受到莫高窟洞内的千年惊变之美。

2016年4月，他们又推出网上“数字敦煌”。全世界的人都可以在电脑的方寸之间，身临其境地欣赏30个经典洞窟中4 430平方米的壁画。更重要的是，即使这些历经沧桑的瑰宝，在历史的洗礼中流逝，图像也能永远留住它们曾经的辉煌。

樊锦诗在自己的书里写下：我们没有权利将留给子孙后代的文化遗产，毁在我们这代人手中。为了让这份美好完整地传承下去，从青丝到白发，她一直在奋斗，在坚持。那个漫漫黄沙、美丽却又破碎的地方，早已融入她的血液……

点赞英雄

樊锦诗曾经表示：“我几乎天天围着敦煌石窟转，不觉寂寞，不觉遗憾，因为值得。我这辈子就做了一件事，无怨无悔”“如果我死时让我留一句话，我就留这句：‘我为敦煌尽力了’”。

樊锦诗，让我们深深地感动，她给了我们奋勇向前的力量！

三、他(她)们是改革先锋

1. 将军儿子扎根草原

扎根牧区、带领牧民脱贫致富的优秀基层干部——廷·巴特尔 廷·巴特尔是开国少将廷懋的儿子。将门无犬子,1974 年,17 岁的巴特尔高中毕业,本可以回到城市从政、经商,但他义无反顾地从城市下乡到偏远荒凉的牧区萨如拉图亚嘎查,变身为普通牧民,成为牧民的贴心人、致富的带头人。

1993 年,巴特尔当选为萨如拉图亚嘎查党支部书记,决心带领群众共同致富。他引导牧民减羊增牛,做足“牛”文章,培养高产优质母牛,通过“少养精养”,实现了恢复生态、增加牧民收入的目标。

在萨如拉图亚嘎查,5 口架着灯泡的生态鱼塘,格外引人注意。一到夜晚,灯泡亮起,蚊虫被吸引而至,落入塘中,鱼儿“欢呼雀跃”,吃着营养丰富的“补餐”。这种既消灭草原害虫,又增加鱼产量的做法,是巴特尔想出的又一个绝招。仅鱼塘这项,让嘎查地区每年创收 24 万余元,每年户均增收 2 400 多元。

1996 年,草场分到户,巴特尔承包的是全嘎查退化最严重的一个草场。总计 5 926 亩的草场，大部分被白沙地覆盖，牧草稀疏，大风一起，沙尘泛滥，有些地方甚至寸草不生。妻子看到家里分到的草场不好、牛羊也是别人挑完后领到的最弱一群，急得直哭。

面对严峻的现实条件，巴特尔走遍方圆百里的沙窝子，亲手绘制治沙地图，同时托城里的父母，送来优质草籽、树种，开始了一次又一次的尝试，率先在自家牧场实行"围栏轮牧"，让草场得以休养生息。

牧民家的牛群

如今的萨如拉图亚嘎查，修了路，通了电，用上了干净的自来水，实现了"住瓦房、开小汽车"的目标。巴特尔还带领牧民们成立了股份制公司，发展多种经营，牧民的收入从 40 年前的人均纯收入 40 元，增加到现在的 1.88 万元，草原也得到了合理保护和利用，实现了生态保护与牧民增收的双赢。

廷·巴特尔

点赞英雄

“党的十八大代表”“全国民族团结进步模范个人”“全国百名改革先锋”……面对种种荣誉，巴特尔始终不忘初心，常常笑呵呵地说：“我是草原的儿子，这里有我的用武之地，让草原变得更绿，让牧民收入更高，让群众生活更好，是我的责任！”

2. 把群众当亲人

基层社会治理创新的优秀民警代表——邱娥国 邱娥国1979年底，从部队转业，成为南昌市公安局广外派出所的一名户籍民警。他所管辖的是南昌市一个老城区，这里面积大，人口稠密，小街小巷纵横交错。为了尽快熟悉工作，邱娥国虚心向老民警学习，不懂就问，不会就学，从心底把人民群众当成自己的亲人。

1981 年 9 月 24 日,邱娥国刚参加公安工作不久,就遇到一次重大考验。他正领着一名联防员进行防火检查,一名附近的群众突然满脸惊恐地跑来:“不好了,要出人命了!”原来,有一伙歹徒在聚众斗殴。邱娥国果断地对联防员说:“你快去所里请求增援,我先去制止。”赶到现场,只见黑压压的数十人,有的拿着渔叉,有的举着尖刀,乱成一团。

这是一起聚众斗殴的恶性案件,为首的是一名有命案在身的在逃人员。邱娥国一个箭步冲上前,拦腰抱住拿着渔叉乱打的嫌疑人,并大声警告其他人:“住手!”打红了眼的嫌疑人,先是一愣,但看见邱娥国孤身一人、手无寸铁时,刀、叉开始在邱娥国的背上、肩上、手上乱砍乱叉。当救援民警赶来时,邱娥国已昏倒在血泊之中,送进医院抢救了两天才醒过来。

2014 年隆冬的一天晚上,邱娥国散步,走到人来人往的永叔路地下通道时,看见一位老人正步履蹒跚地走着。1 个多小时后,邱娥国转了一大圈回来,发现老人还在地下通道里磕磕碰碰地转悠。

邱娥国马上走过去,拉着老人询问,这才意识到,老人可能患有老年痴呆症。他翻找老人的衣服口袋,好不容易找出一张皱巴巴的纸条,上面留有电话号码。邱娥国立即联系了老人家属。

夜已深了,地下通道闸门就要关闭,可老人还瘫坐在冰冷的地上。“老人家,你家里人马上会来接你,来,我把你背到路上去。”就这样,装了 4 个心脏支架的邱娥国,背着九旬老人,走几步歇一下,断断续续走了 100 多米,来到路口。

在寒风中等了半个多小时,将老人交给家属后才放心离开。

“我这一辈子都以雷锋同志为榜样,就是要像雷锋那样,从点滴做起,持之以恒。”这样的事,一桩桩、一件件,见证着邱娥国的为民初心。

邱娥国

点赞英雄

串百家门,认百家人,知百家情,办百家事。心系人民、扎根人民,邱娥国是全国千千万万兢兢业业、忠诚奉献的公安民警的缩影。

3. 大山深处的女书记

深度贫困地区带领村民脱贫攻坚的优秀代表——余留芬 余留芬,贵州省盘州市岩博村党委书记。她 20 多年如一日,扎根岩博,带领当地村民斗穷山、战贫困、谋发展、奔小康,把一个贫困落后的空壳村,变成了一个经济发达的小康村。

★干就要干出个名堂

1989 年余留芬嫁到岩博村，当时的岩博村，集体经济为零，不通水、不通电、不通路，人均收入不足 800 元，三分之一的村民没有越过温饱线，住的大多是土墙、茅草房，村里到处都是猪屎塘，不仅环境差，而且与世隔绝。

生活太苦了，余留芬发誓换一种活法。1993 年，她到附近煤矿开了个小饭馆，后来因为照顾不了家庭，回村买了照相机，走村串寨照相，之后她又办起了小超市、开起了小饭馆……

由于她敢想敢做，人勤快、头脑活，生意一天比一天好，日子也慢慢变得宽裕起来，她家成了岩博村首先富起来的人家。

贵州省六盘水市淤泥乡岩博村

余留芬仗义、热心、真诚、有本事，村民们大小事都愿意找她商量。1996 年，村里换届选举，老百姓推选她为村妇代会主任。

1999 年 7 月,她加入中国共产党。入党的那一天,在鲜红的党旗下,余留芬举起右手宣誓,一定要对党忠诚、为民服务、无私奉献,带领群众换个活法。

2001 年,不到 31 岁的她,扛起了岩博村村支书的担子,并暗自发誓:“干就要干好,干出个名堂来。”

★一定要变苦熬为苦干

如何拔掉岩博村的“穷根”? 上任后的第 7 天,余留芬决定带领大家修路。

白天,余留芬和村民们一起上工地,搬石块、掌钢钎、抡大锤;晚上,她又挨家挨户鼓劲加油。历经 3 个多月苦干,一条宽 4.5 米、长 3 千米的进村路通了。

路通了,余留芬开始想着如何带领村民致富奔小康。她带领群众办起了一个又一个村办企业。先后办起了养殖场、石砖厂、农家山庄、酒厂、火腿加工厂等,让集体资产以滚雪球式发展,群众收入也不断增加。

她还带领群众退耕还林,改善农村基础设施,修建改造道路。在她的带领下,岩博村成为村集体资产达 7 600 万元、村集体经济积累达 610 万元、村民人均可支配收入达 1.86 万元的小康村。

余留芬

点赞英雄

余留芬和村领导班子，正在共同商议新一轮发展规划，力争把岩博村打造成全域旅游精品村、全面小康示范村、乡村振兴样板村。

白墙、青瓦、汽车、产业……如今的岩博村，在余留芬的带领下，小康富裕的步伐正在加快。

4. “郎导”名天下

塑造、传承“女排精神”的优秀代表——郎平 郎平，现任中国女排队主教练。在2019年国庆节前，她带领中国女排以11场连胜，夺得第十三届女排世界杯冠军，这也是中国女排的第十个世界冠军，成为献给新中国70周年华诞的最好礼物。

这一激动人心的胜利时刻，距离2016年她以主教练的身份，率领中国女排重返奥运赛场，并赢得金牌，过去了3年；距离1986年她以助理教练的身份，带领中国女排蝉联世锦赛冠军，实现中国女排在世界大赛的“五连冠”，过去了33年；距离1984年她作为副队长，在奥运会上摘取中国女排的第一枚奥运金牌，过去了35年；距离1981年她担任主攻手，拿下中国女排第一个世界冠军，过去了38年！

38年间，郎平从队员“铁榔头”到主教练“郎导”，人们对郎平的称呼变了，但对她的喜爱与敬佩却没有变。有谁

中国女排走上冠军领奖台

能像郎平这样，全民偶像、巾帼榜样几十载？因为郎平不仅是郎平，她还是塑造传承“女排精神”的优秀代表，她和中国女排完美诠释了什么叫“国家荣誉高于一切”！

“不是赢得了奥运会，才有女排精神。”郎平说。郎平给每一场比赛定的目标非常简单，就是要“升国旗，奏国歌”，“只要穿上带有‘中国’二字的球衣，就是代表祖国出征。为国争光是我们的义务和我们的使命。”

郎平不仅是中国人心中的排球英雄，在国际体坛也收获了高度赞誉。国际排联主席评价说：“郎平曾经是一位非常出色的球员，而如今她已经成为一名很出色的教练员。不仅仅是中国排球，她彻底改变了亚洲排球，乃至世界排球的训练方式。”

但在郎平眼里，成绩、荣誉都是需要随时被清零的。“走下领奖台，一切从零开始”，这是挂在国家女子排球队训练馆内的一条标语，与国旗遥遥相望。

在郎平看来，一个卓越的教练就要“对自己要求高，能负起全责，尽最大努力去做”。她会对每一名运动员进行单独谈话，照顾每个队员的伤病康复状况……

为了激励球员，还得有妙招。郎平的秘密法宝是“小红旗”。“红旗”是有“内容”的，而且分大小。曾经的女排队长惠若琪，拦网做得不好，郎平就说：“小惠，今天拦死一个，给一面小红旗！”到里约奥运会的时候，惠若琪终于有了突破，拦网表现出色。郎平说自己也“感动到热泪盈眶”。

郎平

除了爱与包容，郎平还认为“单靠精神不能赢球，还必须技术过硬”。她挖空心思变换方法训练，制定非常明确的训练目标、解决方案和训练周期，鼓励队员从实践出发，去一点点靠近目标。

在郎平看来，学习“女排精神”，是非常具体的，即“在每天的训练中，在遇到各种困难时战胜自我”。这个过程中，要让年轻的队员们看到什么是女排精神，并思考如何去发扬它。

“强者有能力面对一切困难”，郎平一直用这句话鼓励自己。

郎平和女排姑娘们

点赞英雄

郎平带出了新女排，也为女排精神注入了新内容。新时代女排精神，把人文理念和科学精神、民族情怀和国际视野、团结协作和个性发展和谐统一，推向了一个新高度。

5. 他塑造了“张家港精神”

“改革先锋”——秦振华 张家港曾经是长江边的“边角料”、荒沙洲，在市委书记秦振华的带领下，张家港大力发扬“团结拼搏、负重奋进、自加压力、敢于争先”的张家港精神，如今的富裕文明早已享誉全国。

今日张家港

“干工作就要争第一，没有争第一的勇气，第二、第三也争不到。”这是秦振华的口头禅。1992 年，接任张家港市委书记的秦振华，提出“工业超常熟、外贸超吴江、城市建设超昆山，各项工作争第一”的目标。

秦振华不仅是“张家港精神”的创始人，更是“张家港精神”的率先示范者。在秦振华看来，要实现“三超一争”，就要利用张家港黄金水道、临江达海的优势搞发展。当时全国不少港口都在申请国家级保税区，张家港港口防风避浪、不冻不淤，是建码头、发展保税区的天然良港，自然不能落下。

3 个月内，4.1 平方千米 1 284 户人家，拆迁完毕；6 个月完成了区内“五通一平”；9 个月保税区封关运行，一年内就把事情都完成了。秦振华带头，用令人惊叹的“张家港速度”，让国内首个内河型保税区成功落户。

1992 年，秦振华带着张家港市“一班人”前往广东取经,回来后,他就决定修建双向8车道的张杨公路。

秦振华和少先队员们一起

克服了资金短缺、工程量大、施工难度高等困难,短短一年时间,张家港就完成了全国县级市第一条高等级公路。此后,张家港又争取引进了一批世界500强企业。到1994年底,张家港在经济总量、税收入库、外贸出口、外资引进等方面,都在苏州各县市中领先,并取得多项全国第一:全国第一个长江内河港口开发权,全国第一个内河型国家级保税区,全国第一个实施城乡社会保障统筹……

如今,“张家港精神”已成为张家港市薪火相传、生生不息的城市之魂、力量之源。

点赞英雄

秦振华在机遇面前奋斗拼搏,咬定目标不放松,反映出一名共产党员的纯粹品格和无畏担当。

四、他们是国家科技最高奖获得者

1. 无名的辉煌人生

国家科技最高奖获得者——黄旭华　黄旭华上小学时,正值抗战时期,家乡饱受日本飞机轰炸。这位海边少年,就此立下报国之愿。

黄旭华隐姓埋名,为中国发展核潜艇事业奋斗一生。1958 年,黄旭华调到北京海军,担任核潜艇研究室副总工程师。此后 30 年,他的家人都不知道他在做什么,黄旭华父亲直到去世,也未能再见到他一面。直到 1987 年,他母亲及 9 个兄弟姐妹,才了解到他的工作。

1983 年,黄旭华被任命为第一代核潜艇的总设计师。1988 年初,核潜艇按设计极限,在南海作深潜试验。黄旭华亲自下潜到水下 300 米。水下 300 米时,核潜艇艇壳每平方厘米要承受 30 千克的压力,黄旭华指挥试验人员,记录各项有关数据,并获得成功,成为世界上核潜艇总设计

黄旭华

师中，亲自下水作深潜试验的第一人。

从1970年到1981年，中国陆续实现第一艘核潜艇下水，第一艘核动力潜艇交付海军使用，第一艘导弹核潜艇顺利下水，成为继美、苏、英、法之后，世界上第五个拥有核潜艇的国家。

2019年1月10日上午，“2019年度国家科学技术奖励大会”隆重召开。中国第一代核潜艇总设计师黄旭华院士，获“国家最高科学技术奖”。

对于自己的成绩，黄旭华表示，“我再三讲过，中国的核潜艇是全国大力协同的产物，是集体智慧的结晶。我仅仅是其中的一个成员，按照组织分工，站在自己岗位上，跟大家一道完成上级交给我的任务。功劳是大家的，荣誉属于集体。”

点赞英雄

黄旭华，隐姓埋名，和同事们，让中国成为世界上第五个拥有核潜艇的国家，中国的辽阔海疆，从此有了自己的移动式“水下长城”！

2. 与天打交道的科学家

国家科技最高奖获得者——曾庆存 曾庆存，出生在广东省阳江县(今阳江市)一个贫困的农民家庭。没正式读过书的父亲，深知读书的重要性，他让两个儿子一边务农，一边读书。在父亲的教导下，这个家庭培养出两位科学家：一位是曾庆存，另一位是他哥哥曾庆丰——我国著名地质学家。

1952年，曾庆存考入北京大学物理系。新中国成立之初，无论是抗美援朝，还是国内经济建设，中国都急需气象科学人才，所以学校安排一部分学生改学气象学专业，曾庆存毫不犹豫地答应了。

大学毕业后，曾庆存被选派进入苏联科学院应用地球物理研究所学习，师从著名气象学专家基别尔。在苏联，他发现自己在国内所学的知识，跟人家还差了一大截，“数学水平不行，物理基础不牢，底子薄”。曾庆存不服输，学习极其认真刻苦。一本书的第一页，他有时候要读几天才能明白，但是他仍努力啃书本，力争把第一章的知识学懂，后面才能学得越来越快。

曾庆存到中央气象台实习时，看到气象员们废寝忘食地守候在天气图旁，分析判断，发布天气预报，但由于缺少精确计算，相当多的分析判断还是凭借经验。这样的一幕，促使他思考，怎样才能提高天气预报的准确性呢？

“我后来想到，可以化繁为简，隐去对方，先计算气象参数，再加以整合。”在导师的指导下，曾庆存开始全力攻坚。那个年代，计算机在苏联也是稀缺宝贝，曾庆存每天只有10个小时的上机时间，而且还只能在深夜。于是，他就白天用纸算，晚上带着纸条去上机，一万多行程序，一条条验证。

1961年，曾庆存首创“半隐式差分法”，画出了世界上第一张用原始方程组绘成的天气预报图。从此，气象监测，从单纯的“站点监测”，变为包含气象卫星遥感的全球监测；气象预测从经验预报，发展到数值天气预报。他的算法，至今仍然是世界数值天气预报核心技术的基础。

气象预报标识图

1974 年，曾庆存发表长达 30 万字的专著《大气红外遥测原理》，为利用卫星进行气象监测，打下了理论基础。直到今天，这一理论都没有过时，确保我国的气象遥感技术处于全球领先的国家行列。

2009 年，曾庆存与其他科学家，萌生了建立“地球模拟器”的想法。在数百位科学家的共同努力下，国家重大科技基础设施“地球系统数值模拟装置”破土动工，预计 2022 年完工。这个装置将为国家防灾减灾、应对气候变化、生态环境治理、可持续发展等重大问题，提供科学支撑。

大气物理所曾经举办一场题为《气象预报的过去、现在与未来》的讲座，曾庆存是主讲人。85 岁高龄的他，全程站立，告诉在场的 200 多名小学生我国气象预报的发展和成就，并回答了孩子们的提问。“从他们好奇的目光中，我看到了未来我们国家气象事业发展的希望。”曾庆存说。

2019 年度国家科学技术奖励大会上，人民大会堂内掌声雷动、星光璀璨。中国科学院大气物理研究所研究员曾

曾庆存

庆存院士，获“国家最高科学技术奖”。

“堂堂七尺之躯，有骨头，有血肉，有气息，喜怒哀乐，激昂与敬慕，成功与挫败，苦难与甘甜，人皆有之，我也一样，老百姓一个。”这是曾庆存的自述。

事实也是这样。有一次，曾庆存到北京友谊宾馆参加国际会议。车门打开，先出来一顶破草帽。门卫悄悄地打听，得知这是一位“国际著名科学家”后，大吃一惊！部下们也经常偷偷笑称曾老，总是“鞋儿破，帽儿破”：“夏天在中关村，如果见到一个戴破草帽的老头，十有八九就是他。”

点赞英雄

今天，打开手机，我们就能知道几天后的天气。如此便利、精准的预报，离不开曾庆存创造的气象算法。

这位经常戴着破草帽的老者，是世界上享有极高知名度的科学家，为国际气象学术研究与交流，作出了重要的贡献。

五、他们是全军挂像英模

1. 从士兵到将军

“全军挂像英模”——杨业功 1999 年 10 月 1 日，为庆祝中华人民共和国成立 50 周年，一场盛大的世纪大阅兵在北京天安门广场隆重举行。三军列阵，枪刺如林，当中国人民解放军第二炮兵的受阅方阵，整齐威武地行驶过天安门前时，一枚枚新型导弹无不展现着大国“利剑”的气势，聚焦着全世界的目光。

在前方的指挥车里，一位器宇轩昂的军官，身姿笔挺地行着庄严军礼，他就是此次第二炮兵受阅方队的大队长——杨业功。

杨业功

杨业功，出生于湖北省应城市，他的家乡曾涌现出了大批革命英雄。从小听着先辈革命故事长大的杨业功，给自己立下了一个目标——长大一定要去参军。

1963 年 8 月，18 岁的杨业功如愿以偿，成为中国人民解放军的一员。他全身心地投入到新兵训练之中，很快，就从新兵中脱颖而出，被评为“五好战士”“红旗手”。

20 世纪 90 年代初，中国决定组建第一支常规导弹部队。这个艰巨任务，落到了杨业功的肩上。

刚上任的杨业功，所面临的情况，可谓“白手起家”，但他并没有退缩。为了节省经费，他把地方废弃的厂房车间，作为部队营房。他带着十几名集训队员奔赴全国各地的导弹生产厂家和科研所，挨家挨户请教学习。白天，给师傅们打下手，将一张张图纸、一串串数据记录下来，晚上再一点一滴地做好工作笔记……

1993 年 11 月 23 日，杨业功和他的队员们，终于等来新型导弹试验发射。这一天，在中国西北的戈壁滩上，一枚新型导弹，犹如一把银色长剑，静静伫立在导弹发射车上。随着一声“点火”口令，导弹拔地而起，升入高空；没过多久，“导弹准确命中靶区”的消息，从末区靶场传来。一时间，戈壁滩上欢声四起。

对于自己心心念念的导弹事业，杨业功总是十分“较真”，有人劝他不要那么死板，他却回答说“我干的就是较真的事儿”。

杨业功有一句名言在部队广为流传：“天下虽安，忘战必危。军人不思打仗就是失职！”2000 年，某旅在基地率先提出每月实施全系统、全要素、全员额、全程序、全装备的拉动训练。对这一前所未有的创新之举,不少人忧心忡忡,认为“五全”训练动用装备多,风险太大,弄不好出个事故,谁也难以承担责任。

杨业功得知后,当即表态:“作为一支部队,在提高战斗力上消极保安全,对于国家来说就是最大的不安全。‘五全’训练可以搞,有责任我来负!”

将军的激励是对部队最有力量的导向。全旅官兵士气大增,不仅没有减少训练内容,反而增加了训练的难度和强度,真正实现了与实战结合,部队实战能力大大提升。后来,这一做法在第二炮兵得到全面推广。

中国人民解放军第二炮兵部队

2003 年 11 月 2 日,因为长期积劳成疾,杨业功突然晕倒在课堂上,被紧急送往医院,却不幸确诊为癌症晚期。住院期间,杨业功每天强忍着疼痛,大口大口地吞咽着饭菜,为的就是能让自己早日康复,回到自己的战斗岗位上。

2004年7月2日凌晨3点50分，杨业功带着他未竟的事业，走完了59岁的壮丽人生。

点赞英雄

就在杨业功离开后，他当年一手组建的导弹旅，成功完成了第200次发射。25年前，杨业功曾带着这支队伍，庄严宣誓："时间作证，青山作证，历史选择了我们，我们绝不会辜负历史"；25年后，他们兑现了当初誓言，成为新时代中国火箭军中的一支精英锐旅。

2. 永不凋谢的马兰花

"献身国防科技事业杰出科学家"——林俊德　林俊德，我国爆炸力学与核试验工程领域著名专家、中国工程院院士、某基地研究员，享年75岁。

林俊德

相信很多中国人，都是第一次听说林俊德这个名字！他是一位将军，更是一位院士；他一辈子隐姓埋名，52年坚守在新疆罗布泊一个叫马兰的地方，参与了中国全部的45次核试验任务！

在那激情燃烧的岁月里，林俊德和战友们，每天都在拼命工作，每天都在和时间赛跑，每次核试验都创造了惊人的“中国速度”——

我国第一颗原子弹爆炸试验，林俊德被指定为“核试验冲击波机测仪器研制小组组长”；我国第一颗氢弹爆炸试验，林俊德再次临阵受命，在零下 20 ℃的罗布泊日夜奔波，研制试验新一代高空压力自记仪；地下核试验，林俊德和战友们背水一战，为地下核试验安全论证和工程设计提供了宝贵数据……

在原子弹爆炸蘑菇云升腾时的辉煌瞬间，有一个经典画面广为人知——人们纷纷跳出战壕，将帽子抛向空中，相拥而庆。

然而，更打动人们的，则是另一个鲜为人知的场景——当蘑菇云还在不断向上翻滚时，穿着防护服的科技人员，无所畏惧地向烟云开进，搜寻记录此次爆炸数据的设备。在那些义无反顾的身影中，就有他——林俊德！

深夜，月光如水，星斗满天。寂静中，一个苍老、沙哑的声音在房间里缓缓流淌——“马兰精神很重要，艰苦奋斗、无私奉献，希望大家继承马兰精神……我本事有限，但是尽心尽力……”

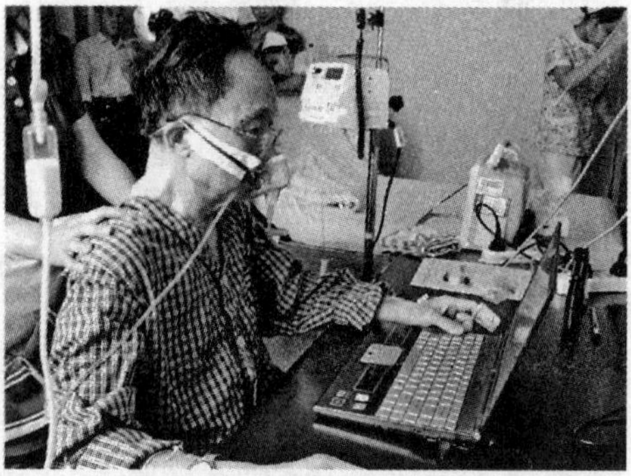

重病中仍然坚持工作的林俊德

细细倾听，泪水顺着战友脸颊不住流淌——手机里播放的这段录音，是林俊德院士临终前一晚留给大家的遗言。

163个字——这是一位共产党员、共和国院士生命最后一刻的述职。

102秒——这是一位驰骋科研沙场老兵与战友们的最后话别。

这一刻，是2012年5月31日11时09分。在生命的最后一天，林俊德强忍着剧痛，还坚持伏案工作长达74分钟！

临终前，林俊德院士再三叮嘱："死后将我埋在马兰……"

点赞英雄

没有豪言壮语，没有热情颂歌。隐姓埋名，无怨无悔，任岁月染白了青丝，任风霜催老了容颜，在西部戈壁，在大漠深处，在无人知道的角落，林俊德将军用生命的光和热，为共和国创造出太阳和惊雷！

3. 为了祖国的蓝天

"人民英雄"——张超 张超，执行任务时突遇空中险情，果断处置，尽最大努力保住战机，被迫跳伞，不幸壮烈牺牲，年仅29岁。

★冲着英雄而来

从儿时起，张超就对天空充满向往。成为一名飞行员的想法，在他 14 岁时，变得前所未有的强烈。

那是 2001 年，发生在南海的中美撞机事件中，“海空卫士”王伟英勇牺牲，举国上下悲痛不已。当飞行员，成为张超和许多像他一样的热血青年的共同心愿。

17 岁那年，张超终于如愿以偿。2009 年，经过 5 年培养和训练，张超迎来毕业时刻。作为优秀毕业生，他有相当的把握留校任教。但他坚决要求到一线作战部队，到王伟战斗过的地方，做一名战斗员。

“全军挂像英模”张超

初次见面，团长问张超“为什么来”，张超脱口而出，“我是冲着英雄王伟来的。”

沿着英雄的航迹，张超驾机起飞，完成了一次又一次自我超越。

2010 年，改装歼—8，张超成为全团 6 名“尖刀”队员中最年轻的一员；时隔两年，改装新型三代战机，张超又是同批飞行员中首个单飞的，并提前 4 个月完成改装任务，刷新多项纪录。

张超越飞越勇、越飞越好，更加广阔的蓝天，向他敞开怀抱……

★生死的瞬间选择

“舰载机飞行，是世界上公认的最危险的飞行，你愿不愿意来？”

“我知道危险，但就是想来。”

那一年，中国海军决定选拔舰载战斗机飞行员。张超第一时间报了名。

2015 年 3 月，张超成为当时中国海军最年轻的舰载战斗机飞行员，开启了飞向航母的“加力模式”。加入舰载战斗机部队 1 个月，他完成了理论改装；6 个月，他追平了训练进度；10 个月时，他第一次驾驶歼—15 飞机，飞上蓝天；截至 2016 年 4 月，张超已经完成上舰前 93.24％的飞行架次。所有课目考核成绩，都是优等。

2016 年 4 月 27 日，一个寻常的飞行日，也是张超加入舰载航空兵部队的第九十个飞行日。

12 时 59 分，张超驾驶 117 号歼—15 飞机，进入着“舰”航线。

可就在战机刚刚滑行 2 秒钟时，突发电传故障，张超跳伞落地，由于弹射的高度过低、角度不好，张超被重重地摔在了跑道旁，壮烈牺牲。事后的落地检查记录表明，在生死一瞬间，他放弃了第一时间跳伞，而是全力推杆到底、企图尽全力挽救飞机。而这一瞬间是 4.4 秒。

这一天，年仅 29 岁的他，来不及给年迈的父母、亲爱的妻子、两岁的女儿留下一句话，便匆匆地走了……他的精神，始终与中国航母舰载机事业同在！

中国歼—15 舰载战斗机

点赞英雄

张超走了，战友们意识到：张超经常面带微笑的背后，是如山一样的坚强。

张超，我国航母舰载机事业中牺牲的第一位英烈，他用生命，生动展现了新一代革命军人，有灵魂、有本事、有血性、有品德的时代风采和使命担当！

六、他(她)们是感动中国人物

1. 捐赠千万的军中“居里夫人”

捐赠千万的军中“居里夫人”——马旭 2018 年,一位离休老人马旭,向哈尔滨市木兰县教育局捐赠 1 000 万元,用于资助家乡的教育事业。这笔巨款,是马旭与丈夫一分一毫几十年积攒而来。可两位老人,至今仍住在一所不起眼的小院里,过着简朴的生活。

马旭,驻湖北原空降兵离休干部。她和战斗英雄黄继光在同一个师,并多次立功受奖。

马旭曾被保送到第一军医大学学医。1957 年被分配到 15 军 45 师,成为一名野战军医。马旭是中国第一名女空降兵,20 多年间,她跳伞 140 多次。创造了三项中国之最——第一个跳伞女兵、跳伞次数最多女兵、实施空降年龄最大女兵。

1983 年 4 月,马旭和丈夫颜学庸(军医),研制出了“充气护踝”,可使跳伞着陆时的冲击力减半,扭伤情况接近为零,1989 年获得国家专利,这是中国空降兵获得的第一个专利。马旭还和颜学庸撰写了《空降兵生理病理学》《空降兵体能心理训练依据》,填补了中国在这方面的空白,被外国专家称为中国军中的“居里夫人”。

马旭、颜学庸夫妇

马旭夫妇,用高贵的简朴、倔强、奉献精神,诠释着共产党员的爱国情怀!

点赞英雄

曾经勇冠巾帼,如今让世人惊叹;以点滴积蓄汇成大河,灌溉一世乡愁;你毕生节俭,只为一次奢侈;耐得清贫,守住心灵的高贵!

2. 雪路上的邮递员

云端上的忠诚信使——其美多吉 春节将至,凛冽的寒风横扫川西高原,56 岁的其美多吉,和往常一样驾驶着邮车,走上了世界上海拔最高、路况最复杂的川藏线,往返于甘孜县与德格县之间。

这条云端上的“天路”，被称为“雪线邮路”，承担着四川进藏邮件的转运任务。其美多吉就是这条邮路上驾驶邮车的人，而且一走就是 30 年。30 年来，其美多吉每月不少于 20 次往返，累计行车 140 多万千米，圆满完成了每一次邮运任务。

其美多吉在雪路上

“这一路最危险的路段，就是翻越雀儿山。”其美多吉说，雀儿山海拔高，常常是山下风和日丽，山上雪花飘飘，路面霜冻结冰。常年跑这条路的驾驶员，基本都曾被大雪围困过，有人甚至被困过整整一个星期。“被困在山上时，又冷又饿，寒风裹着冰雪碴子，像小刀刮在脸上，手脚冻得没有知觉，衣服冻成了冰块。”其美多吉回忆，2000 年 2 月，他和同事顿珠在山上遭遇雪崩，进退无路，两人用加水桶、铁铲等工具，一点一点铲雪，不到 1 000 米的距离，整整走了两天两夜。

30年来,没有在运邮途中吃过一顿热乎饭,只在家里过过5个除夕,两个孩子出生时,他都在运邮路上。其美多吉戏称:"邮车就像是我的第二个妻子。"

其美多吉常说,和自己最亲的,除了家人和同事,就是雪线邮路沿途的道班兄弟们。其美多吉的邮车路过四道班时,经常会停下来,把青菜和肉给道班工人莫尚伟、黎兴玉夫妇。对于坚守雀儿山20多年的莫尚伟、黎兴玉夫妇来说,"他是信使,更是亲人"。

雪线邮路的幸福使者——其美多吉

随着网购的兴起,高原上的邮件包裹越来越多。"从前,邮车总是运进来的东西多,运出去的东西少。"这几年,党和国家的富民政策来到藏区百姓身边,精美藏经、藏医藏药、高原特产,都通过邮车走出藏区乡村,"工业品下乡、农产品进城",原本5吨载量的邮运车,已升级为12吨,甘孜到德格每天两辆邮运车,都是满载运行。

其美多吉说,雪线邮路上的30年,见证了祖国对藏区的巨大扶持。每当老百姓看到邮车,就知道党和国家时时刻刻关心着这里。

一个人的邮路是寂寞的,也是孤独的,但这是其美多吉的人生选择,从来没有后悔过。“雪线邮路,我一生的路。”

点赞英雄

三十忠诚风与雪,万里邮路云和月。雪山可以崩塌,真正的汉子不能倒下。雀儿山上流动的绿,生命禁区前行的旗,蜿蜒的邮路,是雪山的旋律,坚强的多吉,你唱出了高原上最深沉的歌!

3. 人民的樵夫

“人民的樵夫”——廖俊波 廖俊波,福建浦城人,曾先后担任过福建政和县委书记,南平市副市长,被授予“全国优秀县委书记”“时代楷模”等称号。

1998 年,廖俊波任邵武市拿口镇党委副书记、镇长,摆在他面前的第一个任务,就是百年不遇特大洪灾的灾后重建。他挨家挨户探访情况,很快就把受灾的几百户都走了个遍。农民吴炳贤,不小心砸伤了腿,眼睁睁看着别人盖房干着急。廖俊波得知后,多次上门看望,并帮他出钱请人代建房。1999 年春节,包括吴炳贤在内的 500 多户居民,在新房里高高兴兴地过了新年。

廖俊波对群众充满感情,始终惦记着群众的冷暖安危。

在政和县工作的几年,全县贫困人口减少了3万多人,脱贫率达69.1%。他把群众当亲人,用心用情为群众办实事、解难事,短短4年,政和县山乡巨变,一个全新的、生机勃勃的政和展现在人们面前。

廖俊波

2007年,廖俊波赤手空拳赴浦城县负责筹建工作,一起赴任的只有副主任和司机。面对一片待开发的山包,没有规划,他找规划单位来做规划设计;没有土地,他与县委县政府沟通协调征地拆迁;没有基础设施,他带领大家建路、挖沟、排水……

为了招商引资,4年间,他驱车36万千米,常年奔波在浙江、广东等地;完成征地7 000多亩,招商引资签约项目51个,开工项目23个,总投资28.03亿元。浦城人惊呆了,直呼廖俊波创造了奇迹!

曾几何时,政和县没有高速公路,没有市民广场,没有文化中心,没有像样的桥梁,甚至没有红绿灯、斑马线。2011年6月至2016年4月,廖俊波担任县委书记期间,将政和县城的城镇化率从31%提高到46%,迎宾大道建起来了,主街改造好了,政和广场、文化中心投入使用了,9座市政桥梁竣工了,宁武、松建高速公路通车了!25年高考没有人考上北大清华的历史结束了,过去连想都不敢想

左一为廖俊波

的工业园区，已经开发完毕3 600亩了！

“家乡变样了！”那时候，从政和县出去打工回家的人，一下高速便要下车仔细观望，感叹家乡的模样焕然一新。

点赞英雄

廖俊波，把忠诚干净融入灵魂，把责任担当扛在肩上，把群众冷暖放在心窝，把修身律己镌刻脑海，用实际行动诠释了公仆情怀；用生命践行了“忠诚、干净、担当”，在百姓心中树起了一座共产党员的丰碑。

4. 忠诚的乡村教师

“乡村教育的守望者”——张玉滚　“80后”乡村教师张玉滚，十几年如一日坚守大山深处，只为改变山里娃的命运，托起大山的希望。

他，虽然收入微薄，但17年里，资助学生多达300多名。他所从教的黑虎庙小学，因交通困难，学生每学期的课本，都是他靠着肩上的一根窄窄的扁担，挑进大山。而这一挑，就是5年，他就是乡村教师——张玉滚。

面对山里学校缺师少教的现实，张玉滚不得不把自己练就成语文、数学、英语、品德、科学样样精通的“全能型”教

张玉滚和他的学生

师。他扎根黑虎庙小学 17 年,先后教过 500 多名孩子,培养出 16 名大学生,还资助过 300 多名贫困学生,没有让一个孩子失学。

17 年来,最让张玉滚牵挂的,永远只有他的那群孩子。“不耽误一节课,千方百计上好每一节课”,是张玉滚给自己定下的“铁律”。有一次,天还没亮,张玉滚骑摩托车到镇中心校开会。当时山上起了大雾,在一个急转弯处,摩托车刹车失灵,撞上一块大石头,张玉滚摔晕过去,差点掉下悬崖。在医院住了没几天,他就急着回学校,在妻子的搀扶下站上讲台。“上课——”望着讲台上头裹纱布的张老师,憨厚朴实的山里娃喊出“老师好”后,禁不住哭成一片……

大山外的世界很大很精彩,但张玉滚却始终难以挪开他的脚步。张玉滚希望有更多的人能够关注大山里的孩子,而他更愿意做一轮明月,守望这片希望之花,照亮山村孩子走出大山的路。

张玉滚和他的学生

点赞英雄

扁担窄窄，挑起山乡的未来；板凳宽宽，稳住孩子们的心。前一秒劈柴生火，下一秒执鞭上课。艰难斑驳了岁月，风霜刻深了皱纹。有人看到你的沧桑，而更多人却看到你年轻的心。

5. 和农民“一块干”

“最美奋斗者”——赵亚夫 赵亚夫，是一名有着50年党龄的老党员。50多年来，无论在什么工作岗位，无论担任什么职务，他始终心系农民，常年奔波在田间地头，一辈子没有离开过农村。

★奉献农民很有意义

1961年，20岁的赵亚夫，从学校毕业，来到江苏省镇江农科所工作。当时农村贫穷落后的面貌,深深地刺痛了他的心。一天晚上,看完电影《雷锋》,他被雷锋精神深深打动,被共产党员的高尚品质所感染,坚定了为党工作、奉献农村的决心,连夜向党组织重递交了入党申请书。

茅山新四军纪念碑

1993 年,他当选为江苏省镇江市人大常委会副主任,可他割舍不下乡土情怀,坚持到农村去、到基层一线去。

2001 年,从领导岗位退下来,本可以颐养天年,但看到茅山老区还没有脱贫,农民还没真正富裕起来,赵亚夫不顾疾病缠身,坚持到茅山去,要让一个个穷山村实现小康。

十多年来,他在地里摸爬,做给农民看、带着农民干、帮助农民销,实现了农民富。如今的茅山老区,已是田野风光如画,村民安居小康。

★乡村泥土十分厚实

赵亚夫始终把农民当亲人,把农民的小康梦当成自己

赵亚夫在田间

的梦，把致富农民作为毕生的追求。为此他在农业科研领域孜孜不倦地探索着。

1982 年，他赴日本学习水稻种植技术。为尽快把先进技术学到手，每天学习、工作超过 16 个小时。从日本回来时，他用节省下来的外汇，换回 13 箱农业书籍资料和 20 棵宝贵的原种草莓苗，无偿对农民进行技术培训、提供种苗服务，带出了一大批万元户，帮助农民盖起了一幢幢“草莓楼”。

2008 年汶川地震后，赵亚夫主动请缨，支援灾后重建工作，建成江苏援川农业示范园，成为东部支援西部的成功案例，得到了“要想四川富，留住赵亚夫”的赞誉。他帮助当地上百万农民脱贫致富，却坚持不收指导费用、不搞技术入股、不当技术顾问的“三不”原则，生动诠释了共产党人清正廉洁的本色。

★心底无私才能坦荡

赵亚夫在科研院所长期担任领导干部，主持、经手的科研经费数以千万计，但他从未谋取过一分私利。赵亚夫常常告诫自己，不该拿的一分都不能拿，不该争的一分都不能争，要做一个光明磊落、无私坦荡的人。

在担任农科所所长时，组织上帮他改善住房，安排他住联栋小楼，可他却主动让给了一位退休老专家，自己则住进一般科技人员的住房。他的妻子在农科所从事畜禽研究，每天扫猪圈、放鸭鹅，工作很辛苦。有人跟她讲，“叫所长帮换个工作吧！”她回答说：“他这个人是绝对不会这样干的！”

赵亚夫没有利用手中权力照顾妻子和家庭，却想方设法帮助了不少科技人员和农场工人，为他们子女找工作、上学校，为分居夫妻办理工作调动。几十年来，赵亚夫就是这样，坦坦荡荡地走过，心中没有任何挂碍，总是充满感激、快乐和欣慰。

点赞英雄

赵亚夫，扎根老区，和农民一块苦一块干，带领群众脱贫致富，不愧为时代楷模！

6. 伟大的母爱

博大的慈母之心——阿尼帕　新疆老人阿尼帕，和丈夫阿比包(去世)，收养了汉、回、维、哈 4 个民族的 10 个孤儿，加上塔塔尔族、乌孜别克族的女婿、儿媳，全家共由 6 个民族组成。

★“泉水最清，母爱最真”——哈萨克谚语

20 世纪 60 年代初，当时 23 岁的新疆女孩阿尼帕，年轻漂亮，与丈夫、两个孩子，加上因父母去世一起生活的 3 个妹妹，一家 7 口人，过着虽清淡却很幸福的生活。

1963 年，她们的哈萨克族邻居相继去世，撇下了吐尔达洪 3 兄弟。生性善良的阿尼帕，深知孩子失去父母的辛酸和孤单，没有利益的驱使，没有豪言壮语，只是一种人性最本能的选择，阿尼帕选择领养了这 3 个孩子，也注定了她一生的劳苦艰辛。

14 年后的 1977 年，阿尼帕又收养了王淑珍等 4 个汉族孤儿。后来，在回忆起被领回阿尼帕家第一天的情景时，已是中年的王淑珍，每每总是泪流满面，泣不成声：

那是特别寒冷的一个冬日，11 岁的王淑珍兄妹 4 人，在父亲去世后，随母亲改嫁到了回族金学军家，不久，母亲又撒手人寰，兄妹几个便流浪街头。阿尼帕妹妹在天寒地冻的医院门口，发现了冻饿交加的小淑珍，便将她领回家。小淑珍一进家门，屋里正在玩耍的其他孩子，全都捂着鼻子跑了出去，因为小淑珍身上衣服又破又脏，头上长满了头癣和癞疮，流着臭味的脓水，满脸污垢，整个人看上去，没有一处是完整的。

看到小淑珍这个样子，阿尼帕心疼地一把把小淑珍揽在怀里，眼泪哗哗地流下来："可怜的孩子呀，要是妈妈看到这样，会心疼的。"

阿尼帕烧了一锅热水，轻轻地将小淑珍浑身上下搓洗干净，换上暖和的衣服，给小淑珍做了一盘香喷喷的拌面。为了治好小淑珍头上的头癣和癞疮，从第二天开始，阿尼帕每天带小淑珍去医院上药。两个月后，小淑珍长出了浓密

阿尼帕·阿力马洪

的黑发,复原了她那张清秀的脸庞。就这样,在阿尼帕这个没有丝毫血缘关系的维吾尔妈妈的照料下,改变了王淑珍一生的命运,让这个街头流浪没人疼的孤儿,有了一个温暖的家,一份胜似亲生母亲的爱。

直到现在,人到中年的王淑珍,依然留着过膝的长发,她说,是妈妈给了她这头青丝,她要用这长发见证和铭记这份母爱。

1989 年,王淑珍的继父金学军,因病去世,留下了 3 个孩子,阿尼帕又义无反顾地将这 3 个回族孤儿,接到家中。

阿尼帕几乎把所有的时间、所有的心思、所有的爱心,都用来照料这一大群孩子。她专门买了一口直径 1.2 米的铁锅,一个特大号的盘子,这口锅,被孩子们称作“团圆锅”。他们哪里知道,阿尼帕夫妇从来都只是从这口大锅中吃半饱。

就是在那样的年月里,性格开朗、乐观、善于持家的阿尼帕,没有被生活重担压垮,始终对生活充满着信心,夫妇俩省吃俭用,从牙缝里省出钱来,让孩子们吃饭、上学。孩子们晚上要做作业,当时家里用不起电灯,阿尼帕就找来破棉絮搓成条,放在羊油碗里,点燃照明,让孩子们学习。

★“骏马要看它的眼睛”——哈萨克谚语

从1963年收养吐尔达洪三兄弟，到1994年10月，维、哈、汉、回4个民族的孩子，在这个家里生活、长大，成家、立业，整整32年的时间！

这32年，从20出头初为人母，到年近六旬的老人，阿尼帕含辛茹苦地将这些不同民族的孩子抚养成人，在无限的爱心和有限的力量之间，阿尼帕夫妇从来没有动摇过。在他们的眼中，没有民族，没有亲疏，不论是亲生还是收养，都视为己出。

阿尼帕和她的多民族儿孙们

阿尼帕的亲生小女儿，回忆起当年情景说，她们兄妹几个当时特别恨妈妈，家里那么穷，干吗还要再收养别人家的孩子呢？尤其是每年过年时，别人家的孩子都有新衣服穿，而她们却没有；过六一儿童节时，别人家孩子可以买好吃的带，而她们只能带家里自做的酸奶和半块馕饼。

现在，辛苦操劳的日子都已经过去，孩子们也都全部成家立业。他们有的当干部，有的当工人，有的经商，有的种地。虽然都不在老人身边，但每到逢年过节，总会想方设法地赶回来，跟老人住几天，唠唠家常。亲生子女们说："不要把我们分成亲生的和收养的，我们都是父母疼爱的孩子。"被收养的子女们，也一再坚持："这就是我们的家，维吾尔族妈妈爸爸，对我们恩重如山，不是亲生胜似亲生。"

点赞英雄

中华民族一家亲，同心共筑中国梦，这是全体中华儿女的共同心愿，也是全国各族人民的共同目标。

阿尼帕以博大的慈母之心，创造了人间至真、至纯的旷世奇爱。

7. 她像一道光，温暖了别人

"全国孝老爱亲模范"——蓝连青　蓝连青，广西南宁市上林县镇圩瑶族乡镇居民，家庭五代同堂，聚集瑶、壮、汉三个民族。当地村民们提起蓝连青一家，都会竖起大拇指点赞。

一家人参加颁奖仪式，前排中为蓝连青

2019年9月，蓝连青入选“中国好人榜”，获得第七届“全国道德模范”荣誉称号。

蓝连青动容地说，自己没有轰轰烈烈的事迹，只是用一颗孝心、助人为乐的心，去对待生活；只有让别人感到幸福了，家庭和社会才会和睦。

★尽心关爱长辈

蓝连青的奶奶，享年103岁，是圩瑶族乡有名的长寿老人。老人在世时身体健康，她总说：“身体好，是托了子孙们的福。”

老人在世时，每天早上，蓝连青总是第一时间来到奶奶房中，照顾奶奶起床穿衣、梳洗、吃喝等。每晚睡觉前，她都要到老人床前探视，确保奶奶安睡后才放心。

蓝连青

提起照顾奶奶，还得说一说“草药”的故事。奶奶自从摔跤骨折后，不能站起来，送到大医院也没治好。蓝连青便按照老中医的指点，到悬崖峭壁上采草药，为奶奶医治，其中最难采的一味药，得躺着爬过一道石缝，才能摘到。丈夫卢成体形大，进不去，只有体形娇小的蓝连青，才能通过。

自小就有恐高症的蓝连青，虽然系好了保险绳，但腿还是不由自主地发抖。丈夫心疼地说：“阿妹，算了吧，这药我们不采了！”执拗的蓝连青，一心想着让奶奶恢复健康，仍然咬紧牙关匍匐钻行，终于在竭力伸出右手的一刹那，摘得草药。往回爬的时候，疲惫的蓝连青过于激动，眼镜磕碰到一条突兀的藤根掉下悬崖。没了眼镜，高度近视的蓝连青，只能慢慢摸索而下，惊险的一幕让不远处的丈夫吓出一身冷汗。

用细心和温情，她一直悉心照顾奶奶，直到 2019 年 1 月老人去世。在丈夫卢成看来，他将蓝连青的这种慈孝，理解为一个字“舍”——舍得付出，关爱长辈。

★用爱支持丈夫

蓝连青的丈夫卢成,是瑶山歌艺术团的团长。在事业上,蓝连青是丈夫的好帮手,全力支持丈夫的事业。

瑶山歌艺术团是当地有名的文艺团体,创建者就是蓝连青一家。蓝连青夫妇在闲暇时,努力收集散落民间的歌词曲谱、民间故事,琢磨着如何发扬光大瑶山山歌、瑶族文化。经过多方筹备,以蓝连青家族为主要成员的瑶山歌艺术团成立了。

在蓝连青等人的努力下,瑶山歌艺术团名气渐响,打开了广阔市场,多次参加国家、自治区和市级各类表演,频获大奖,大放异彩。他们用瑶山歌,唱响瑶族人的幸福新生活,让越来越多的人认识了瑶族乡,了解了瑶族文化。

★以情帮助邻里

在生活中,蓝连青是优秀的家庭主妇,侍奉老人、教导孩子、料理家务,把家庭照顾得细致入微。结婚多年来,他们夫妻恩爱、热心助人、邻里和睦,是乡里有口皆碑的“模范家庭”。平时,夫妇俩十分注重言传身教,以德育人,两个女儿也很懂事孝顺,成绩优异。

蓝连青把对家人的关心关爱,延伸到亲朋邻里以及陌生人身上,成就了一种大爱。有这样一件事,邻里至今说起来都称赞不已。街上有一个叫梁伯新的老奶奶,丈夫去世得早,女儿已远嫁,留下老人独自生活,无依无靠。蓝连青知道后，收留了梁奶奶，先安顿在自己家里，细心照顾了六七年。后来，梁奶奶另找了居住地，还时常去帮助梁奶奶做家务活，送些生活用品等，直到老人去世。

点赞英雄

在女儿卢思颖的眼里，妈妈蓝连青所做的事，都是家常小事。难得的是，这几十年来，妈妈始终保持着一颗尊老爱老的孝心、助人为乐的热情，这是女儿深感妈妈最可贵和伟大之处。

看着妈妈站在领奖的舞台上，女儿卢思颖热泪盈眶："娇小的妈妈，就像是一道光，温暖别人，照亮了我们；我爱我的妈妈！"

8. 自律自强的好少年

自律自强的好少年——谢柏庭　浙江省乐清市中学生谢柏庭，参加 2019 第六十届国际数学奥林匹克竞赛(IMO)，拿下满分，获得金牌，为国争了光。

★把学习当成乐趣

"我不是橱窗里的人，而是一个很平凡的人，与身边的人一样普通，平平淡淡。"提起所取得的成绩，谢柏庭略显羞涩又不失幽默。

谢柏庭喜欢学习，把学习当成乐趣。

漫画：学习很苦，也很快乐

★没有父母陪伴，独立刻苦

谢柏庭在乐清市知临中学读书的三年，父母在上海因工作繁忙，很少来学校，他平时都是在老师和同学的陪伴下学习生活。每当遇到烦心事，他第一个想到的就是老师，学习上有困难也多跟老师请教。

漫画："加油！"

学习中,谢柏庭很注重方法。遇到问题,多思考。和很多学霸一样,谢柏庭也有自己的秘籍——学习笔记本。他在上面清晰记录下主要的知识点和难点、疑点,构建属于自己的一套学习体系。

★不用人提醒,自律性强

平时,谢柏庭都是按照学校安排的作息时间,规划学习和生活,还会自己制定短期和长期的学习计划。他的桌角张贴着一张与众不同的"表格",这张表格就是他的一个个"目标倒计时"。然后根据制定的时间表,一个个完成。

2019 年 7 月,第 60 届国际数学奥林匹克竞赛(IMO),中国队以 227 分的总分,获得团体冠军。

在学习方面，他有很强的自律能力。在生活中，他会将床铺收拾得很整齐，也懂得劳逸结合。平时谢柏庭很喜欢帮助同学，每当有同学向他请教，不管他正在答题或学习，都会放下手头上的事，耐心帮助同学分析，直至问题解决。

谢柏庭兴趣广泛，喜欢听音乐，喜欢运动，全面发展的他是当今学生学习的好榜样。

点赞英雄

志向是人生的航标。一个人要作出一番成就，就要有明确的志向。自古英雄出少年。谢柏庭和他的小“战友”们，刻苦学习，自律自强，奋力拼搏，为国争光，值得我们学习。

七、他(她)们是扶贫攻坚先进

1. 小麦秆　大功臣

刘尊龙是徐州市王老家村人,1998 年高中毕业后刘尊龙就到家乡务农。2002 年,一次偶然机会,他接触到麦秆画,从此就与麦秆画结下了不解之缘。

2003 年依靠麦秆画,他创办了徐州尊龙艺术品有限公司;为了带动周围乡亲们一起致富,2008 年,刘尊龙注册成立了麦秆画手工艺农民专业合作社。

刘尊龙和他的麦秆画

为了达到共同致富的目的,刘尊龙全心全意帮助农民。只要乡亲们想学习麦秆画制作,刘尊龙都手把手教给他们技术。一些简单的画，让乡亲们拿回家制作，制作好后按照每幅画的价格，刘尊龙付钱收购。这样，乡亲们在家不出门，就能挣到钱；同时，刘尊龙还鼓励更多村民朋友，以股份制形式加入合作社。一方面让他们学到一技之长，另一方面又让他们通过就业，增加收入。

王老家村位于徐州丰县最西边，处于苏、鲁、皖三省交界处，也是江苏省省定经济薄弱村，经济相对落后。2013年，刘尊龙担任了王老家村党支部书记以后，带领王老家村全体党员干群，心往一处想，劲往一处使，使王老家村由贫困落后，走向了富裕发展。

为给乡亲们做好示范，增加脱贫信心，抱团发展致富，刘尊龙带头承包1 000亩土地，发展山药种植，先后成立了丰县龙龙有机山药研究所、丰县英龙山药合作社。

丰县山药

为了拓展市场，增加收入，刘尊龙又注册了“丰县山药”商标，制作标准礼盒。通过网上销售的山药，不仅销量好，收益高，而且名声也越来越响。“丰县山药”，获得国家地理标志证明商标，带动王老家村其他农产品的销售，实现年电子商务销售额破千万。

目前，王老家村已建成农业科技产业园2 800亩，引进猕猴桃、葡萄、百合进行栽培，亩产效益达4 000多元。同时,王老家村的大型农家乐——龙地庄园,也被评为省三星级乡村旅游点。

刘尊龙,被评为江苏省农村青年创业致富带头人、江苏省扶贫创业先进个人。

点赞英雄

以刘尊龙为首的王老家村支部,带领全村乡亲们脱贫致富,博得了全体村民的一致称赞:有这样的好干部作为全村的领头雁,我们一起腾飞啊!

2. 农民致富的“金元宝”

2011年8月,作为省选大学生村官,郝大宝来到江苏省东海县双店镇北沟村,担任主任助理一职。为尽快融入村里,郝大宝每天挨家挨户走访花农,向花农们了解存在的问题,针对花农们反映的系列问题,郝大宝主动学习花卉的种植技术,了解花卉市场信息行情,很快从一个对鲜花种植一无所知的大学毕业生,成长为“资深”花农。

百合花大棚

之后,他运用所学知识,对花农们进行培训,获得了花农们的普遍好评,尤其在引进高端新品种上,为花农出谋划策,赢得了市场“卖点”。他给自己定下每天的小目标:每天要走访 10 个大棚,给鲜花看病,向花农们传递市场信息。

2013 年,通过第一批切花收入,以及村干部贷款 10 万元,他在北沟村创立了创业示范基地。这个基地占地 30 亩,种植百合花近 12.5 万株,3 年间获纯利 20 多万元,为周边 8 个村民提供了就业岗位,带动周边 100 多户农户,投入到切花百合种植,平均每户每年增加收入 6 万余元。

接着,郝大宝创立了拥有 300 人的专业合作社,把一个个花农“捆成捆、抱成团,脱贫致富不再难”,并推出了《百合种植指南》,供花农参考学习。目前从事花卉种植的农户 2 000 余人,年销售额 2.5 亿元,带动 138 户贫困户种植鲜切花走上了致富路。

2017 年 7 月间,郝大宝调任三铺村担任总支书记。他问计于民,广泛聆听村民的呼声和要求,确立新的发展思路,采取一系列措施,继续帮助当地人民脱贫致富奔小康。

大学生村官郝大宝

点赞英雄

在村民心目中，他既是一名“扶贫书记”，更是一位人见人爱的“好书记”。他扎根乡村一线8年多，精准帮扶、精准发力，激情播洒青春热血，送给了村民和贫困户脱贫致富的“金元宝”。

3. 帮助大家共同致富

2009年秋天，资产过亿的年轻企业家葛剑锋，当选为江苏省张家港市善港村党支部书记。

上岗后，葛剑锋就把家搬到了村委办公室。白天，他带着村干部在村子里转，寻找善港村贫困的病根；晚上，他坐在办公室想方案，困了就趴一会儿，几乎都没睡过一个好觉。

为理清村里集体资产的账目，葛剑锋邀请专业经济师，查清账目，规范合同；为解决大面积耕地撂荒问题，他反复找村民小组长、村民代表做工作，还自己带头领着村干部在田间劳作……

在这样超负荷的工作下，只用了一年多时间，葛剑锋就把善港村拉上了发展正轨，村里的糊涂账理清了，集体账目上也有钱了。慢慢地，大伙儿都知道善港村脱贫了，周边的经济薄弱村纷纷赶过来取经。

2012年，善港村与同为“难兄难弟”的周边村子“四村合一”，葛剑锋任党委书记，肩上的担子更重了。

葛剑锋(右)在田头

如何将这4块“边角料”缝补出一件“新衣服”？凭借企业家独有的经营理念，葛剑锋为善港村制订了“宜工则工、宜农则农、宜副则副、宜商则商”的发展计划，全身心地投入到村子建设中。

2013年，葛剑锋萌生在村里开设有机农场的想法。“想法虽好，但村里一没技术，二没资金，落实很困难。”葛剑锋请来了专家、争取到资金。为请来著名农业专家赵亚夫，葛剑锋拖着积劳成疾的病躯，“三顾茅庐”；为筹集资金，他四处奔走，最终争取到国家财政项目补助600万元，建成冬暖式大棚160余个。

资金和技术解决了，但人手又成了新问题。葛剑锋带着村里党员干部，下地干活。“大冬天，他脱得只剩一件衬衣，带头在田里挥着锄头，一双脚都被泥碴子淹没了。”村民们都被震撼了，纷纷叫上左邻右舍，拿起农具，与葛书记一起。

经过几年的苦心经营，善港村累计集聚各类企业147家，建成9个特色农业基地。2017年，善港村实现了全年开票收入超20亿元，村级可用财力达到了2 500万元。

如今的善港村，村强、民富、景美、风正、人和，每家每户都住着两层别墅，人均年收入在 3.5 万元以上，成为后进村脱贫致富的典型。

如今善港村

2018 年 5 月，葛剑锋又多了一个新身份：教师。葛剑锋在全省各地，讲述着一个又一个脱贫事例，教授一种又一种致富方法，常常被听众围住，为大家把脉诊断……

点赞英雄

在一些人看来，葛剑锋早已是亿万富翁，家庭幸福，吃穿不愁。如此扎根农村扶贫，是自讨苦吃；为别人累坏了身子。但葛剑锋回答：“我是一名共产党员，老百姓富了，幸福了，我就值了！”

4. 白衣天使　健康扶贫

江苏省扬州市广陵区头桥社区卫生服务中心，党支部书记、医生付宝鼎，20 多年来，每年出诊百余次。村舍农户间，都留下了他忙碌的脚印，也留下了老百姓对他的赞许：“他是我们的‘省钱大夫’，是我们的贴心人。”

付宝鼎

付宝鼎是名外科医生，1995 年分配来到偏远的头桥。当时条件落后，他也有过离开的念头。但有次出诊，患者一句话："头桥地方偏，外人都不愿意来，如果付大夫你走了，就再也没有好医生给老百姓看病了。"这句话点醒了付宝鼎，一个医生不光要有抱负，更要有责任心；守护一方百姓健康，就是他的责任。

无论白天黑夜，在门诊病房、无影灯下、危重病人的抢救现场，总能看到付宝鼎医生忙碌的身影。

很多乡邻喜欢把付宝鼎称作"省钱大夫"，因为付医生看病时时为困难病人着想，低价药能治的，绝不用贵药。遇到家境困难的病人，总是尽量为患者减免相关费用，减轻患者的负担。

付宝鼎这些年，一直致力于汇聚更多力量，参与到守护百姓健康的队伍中来。他率领医务人员成立了一支绿马甲家庭医生志愿服务队，分成 9 个小分队，走村入户，开展医疗帮扶等服务。

付宝鼎在做慢性病随访时发现，头桥不少患者，因为血压、血糖控制不到位，引发了很多并发症，有的甚至双目失明，患上尿毒症。“一个家庭可能会有好几个人同时患病，加重了这个家庭的经济负担。”

于是，付宝鼎牵头成立志愿者健康扶贫协会，并成立健康扶贫基金，全院职工共同捐款，筹集到了第一笔资金，专门用于头桥因病致贫、因病返贫的16户贫困家庭。

基金会成立以来，付宝鼎和志愿者团队每月为他们免费上门送医送药，测量血糖和血压，并进行健康指导。

“我们是基层医院，就是在平凡的岗位上做平凡的事情，守护一方老百姓的健康。”在付宝鼎看来，基层医生就是百姓的健康守护人，帮助一个患者就是帮助一个家庭。患者健康了，这个家庭才能安定。

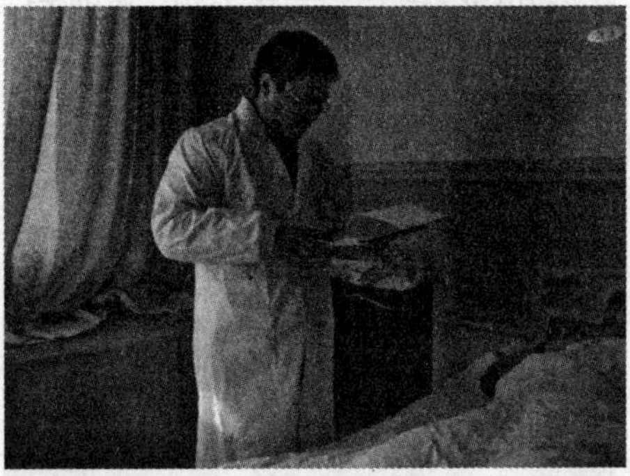

付宝鼎在病房

点赞英雄

付宝鼎荣登中国好人榜，评为“全国最美医生”、2019年江苏省优秀共产党员。老百姓都说：“付大夫虽然名气大了，可人一点也没变，依旧是咱们的贴心人！”

5. 致富的“领路人”

马秀云，1997年，毕业于南师大。当年，她怀着为老家乡亲们做点实事的朴素追求，放弃了城市工作机会，先后在江苏赣榆区石桥中学、县职教中心任教。2005年，马秀云考上了公务员。

2013年，马秀云任赣榆区黑林镇镇长。正逢江苏沃田集团为了上市，急需扩大蓝莓种植规模，却没有多余土地。马秀云敏锐地意识到，这是黑林镇难得的发展机遇。在镇党委的支持下，马秀云负责项目建设，全力以赴开展客商对接、协调服务等工作。

马秀云在调研

镇里没有用地指标，马秀云就带领国土局人员上县、到市、进省汇报争取。半年时间，终于争取到2 000亩土地，批准用于蓝莓种植；将1 000亩土地，作为深入发展的预留地。

马秀云的务实作风、真诚服务，深深地打动了江苏沃田，更加坚定了在黑林镇发展壮大的信心。在这8年多的时间里，沃田累计投资达3.5亿元，相继建成蓝莓研发、冷藏、分选及深加工中心，成为全国单体种植规模最大、唯一蓝莓全产业链“新三板”的上市公司。目前沃田公司，年销售额已达 3 亿元、利税 5 000 万元。

黑林镇处在北纬 35°,有着无可替代的区位优势。凭着猕猴桃种植广阔的项目前景,以及马秀云的良好口碑,这里吸引了多家实力雄厚的公司,前来实地考察。

连云港红果林公司,出资 1 200 万元,将猕猴桃基地全资收购。不仅解决了村民地租问题,还为村集体每年净增收益 200 万元。如今,黑林镇红心猕猴桃基地,年产猕猴桃 300 万斤,单体种植规模,已成为全省第一。

村民喜摘猕猴桃

黑林镇的许多村民,依靠土地流转,每亩每年八百元;平时到基地打工,每天有六十元,这样,村民有了稳定的收入,生活水平逐步提高。

为了改变黑林镇脏乱差的形象,马秀云整合资金 4 000 余万元,实施"精致小镇"建设工程,推进镇区主要街道美化、亮化。刚开始,对这项工作老百姓不太理解,甚至有的说是"穷干净",致使工作难以开展。马秀云有空就往村里跑，与村干部现场办公。马秀云经常说："村子就像一个姑娘，穿着朴素不要紧，干净整齐是必须的。"在马秀云的努力推动下，村里的违章建筑，草堆粪堆、垃圾堆等，很快被清除干净了。

马秀云始终心系百姓、立志为民，经常进村走访，了解民情，为民解困。在一农户家，马秀云看见63岁的孙老汉，蜷缩在破棉被中，旧房子四处漏风。马秀云惊呆了，当天就买来棉被和许多生活用品，送给孙老汉。

在全镇干部大会上，马秀云指出："大家既要看到差距而不气馁，也要看到成绩充满信心。黑林镇的发展，离群众对美好生活的需求，差距还很大，这就需要我们全镇干部，继续撸起袖子，一起加油干！"

点赞英雄

黑林镇昔日的荒山坡，如今已是层峦叠翠、花果飘香；已经演变成农民脱贫致富的"金银山"、城乡居民休闲度假的"果香园"……

黑林镇来之不易的巨变，离不开全镇发展的"领路人"——镇党委书记马秀云。

社会篇　奋斗铺就小康路

从摆脱贫困，到总体小康，再到全面小康，从全面建设小康社会，到全面建成小康社会，再到全面建成社会主义现代化强国，中国共产党带领中国人民，在站起来、富起来、强起来的征程上，迈出一个又一个的坚实步伐，在国家富强、民族振兴、人民幸福的康庄大道上，书写一页又一页的崭新篇章。

我们走进新时代，奋斗是新时代的鲜明特征。全面建成小康社会，全面建设社会主义现代化强国，英雄的中国人民，始终在不懈地奋斗！

一、我们的经济高质量发展

今天的中国，正处在有史以来最大规模的经济建设时期。

“全球排名前十的港口”中，有7个位于中国；我们建成了世界上最长的高速公路和最大的高铁网络，架设了众多全球技术难度最高的桥梁；北京大兴国际机场、港珠澳大桥、南水北调……这些超级工程，代表着中国目前科技和经济水平，实现了从无到有，从弱变强；从技术引进到中国制造，再到中国创造的历史跨越。

我们的工程师、科学家们，我们的工人、农民们，建造的不仅仅是自己的事业梦，更是我们伟大祖国的小康梦、强国梦。

中国故事

1. 展翅飞翔的“金凤凰”

——北京大兴国际机场

作为献礼新中国成立70周年的国家标志性工程，北京大兴国际机场，成为举世震惊的世界奇迹。

从天安门广场，沿着城市中轴线，往南46千米处，金色的北京大兴国际机场航站楼在艳阳下熠熠生辉，“凤凰展翅”造型，分外壮观。

北京大兴国际机场夜景

航站楼的屋面，由空间网络钢结构组成，屋面投影面积达到18万平方米。这么大的面积，这么重的屋盖，主要是由8根中心的C型柱支撑，几乎无柱的巨大中厅，为乘客提供了最大化的公共空间。

机场五指廊的端头，分别有五座“空中花园”，主题包括丝园、茶园、田园、瓷园和中国园。它们以中国传统文化意象设计构造，可供旅客在候机或转机过程中休息放松。

航站楼的屋顶，覆盖着8 000多块特制玻璃，最大限度地利用了自然的光线。铝网夹芯的玻璃，既能保证太阳光的透过，又能达到遮阳的效果。

北京大兴国际机场总投资800亿元，预计年客流吞吐量1亿人次、飞机起降量80万架次。

飞机从北京大兴国际机场起飞

2. 厉害的“钢铁螳螂”

——江苏徐工新型起重机

“现实版变形金刚”来了！它就是徐工集团制造的被誉名为“钢铁螳螂”的 XCA220 起重机。这种可变形的起重机，可以通过四只脚的变形，在山地、河流里自由行走。它身形灵活，可以爬上 2.5 米、45°的高坡。更神奇的是它还能通过遥控器操控！

这款起重机，是目前全球性能最高的五桥全地面起重机，拥有自主研发的 30 多项核心技术，打入全球多个发达国家市场，在作业性能、人机交互系统等方面，达到国际最先进水平。

三层楼高的“钢铁螳螂”

它具备近乎完美的环境适应性，在高寒、高海拔、陡峭的山坡、沼泽地带作业仍可以“如履平地”。在零下 40℃极限温度，作业依旧“从容不迫”，涉水、越障、爬坡，十八般武艺可谓是样样精通，可以在抗震救灾等应急救援行动中承担重任。

这种特殊的挖掘机，早在 2010 年问世时，就轰动了上海宝马展，先后在央视《我爱发明》《挑战不可能》的舞台上大放异彩，深受观众喜爱。

它为什么叫“钢铁螳螂”呢？说起来还有一个故事。2017 年 12 月，习近平总书记视察徐工时，观看该产品动态展示，亲切地说“我看到过”，并风趣地称它“像螳螂”。从此，“钢铁螳螂”的美誉，火遍全中国乃至全世界。

徐工自主研发“钢铁螳螂”，有接近 20 年的历史，是中国工程机械装备“智”造的典范。全世界只有 5 个国家具备生产能力，而中国正是其中之一，也是亚太地区唯一具备此种工程机械生产能力的国家。

"钢铁螳螂"涉水作业

江苏徐工,作为中国装备制造业的领头羊,所生产的大国重器,告诉了世界:今天的中国,真棒!

3. 世界上最长的跨海大桥

——港珠澳大桥

港珠澳大桥,全长 55 千米,被誉为"现代世界七大奇迹"之一,刷新了多个世界纪录,堪称人类桥梁建造史上的新样标。

港珠澳大桥,横跨珠江口伶仃洋,东接香港,西接珠海和澳门,是世界上目前总体跨度最长、钢结构桥体最长、海底沉管隧道最长的跨海大桥;是公路建设史上技术最复杂、施工难度最高、工程规模最庞大的桥梁;也是粤港澳大湾区内首个通过跨政府合作建成的基建项目。

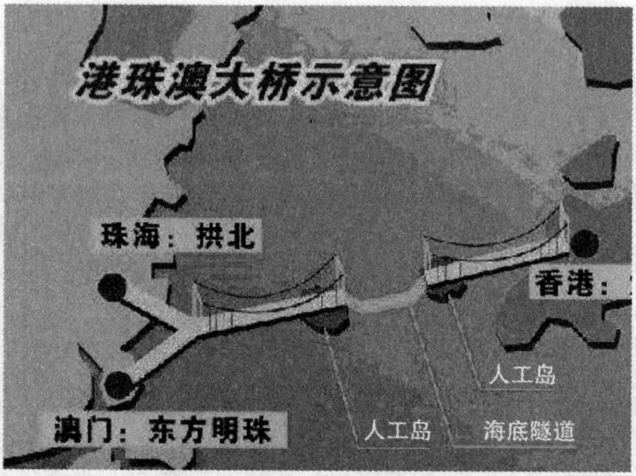

从技术难度和施工难度上来说，整个大桥的核心部位是在海面以下修建一座超长的隧道。那么为什么要放弃在海面上修建桥梁，而改在海面以下修建一座超长的隧道呢？

因为靠近香港方向有一条伶仃洋航道，每天有 4 000 多艘大型运输船在这片海域穿行。为了满足巨轮的通行，必须修建桥面高度超过 80 米、桥塔高度达到 200 米的超级大桥。但是周围的香港机场并不允许有超过 88 米的建筑物矗立在其飞行航线上，驾驶在 80 米高的桥面上显然也很不舒适。

所以，从西人工岛开始，港珠澳大桥进入海底隧道段。如果拉开一段距离看，就好像车辆在行驶过程中从海平面上逐渐消失了。

和其他跨海大桥不同的是，港珠澳大桥，就像“搭积木”一样“搭建”出来的。大桥建设者们先在中山、东莞等地工厂里，把桥墩、桥面、钢箱梁、钢管桩统统做好，再等到伶仃

6 000 吨沉管隧道最终接头，落差只有 15 毫米

洋风平浪静时，一块块、一层层、一段段地组装起来——这就是港珠澳大桥首次实现的“工厂化、标准化、装配化”建设过程，其制造技术达到世界先进水平，进而推动了整个行业的技术进步。

港珠澳大桥夜景

4. 魅力四射的明星企业

★华为，让我们自豪与骄傲

1987年，43岁的任正非创办华为，迄今已经有30多年。华为是世界500强中唯一没有上市的企业，拥有独特的企业文化，成为中国民营企业的标杆。

华为有15万名员工，其中7万名当“老板”，公司把98.6%的股权开放给员工，而任正非只拥有1.4%的股权。

华为生产的折叠屏手机

当过兵的任正非，一概谢绝现身媒体或者盛事，一直保持低调，避开喧嚣，远离闹市。任正非秉承共同富裕的目标，让合作创业的每个成员，都有成功机会，都能富裕起来。

除此之外，华为的企业文化特质也让人敬佩：“以客户为中心”服务到家；“脑袋对着客户”；“客户才是我们的衣食父母”……

华为展示 5G 技术

2018 年,华为实现全球销售收入 7 212 亿元人民币,研发费用高达 1 015 亿元人民币,投入占比销售收入 14.1%。

面向未来,华为通过加强投入,引领 5G 创新和规模商用;严格遵从标准,将网络安全与隐私保护置于最优先地位,打造安全可信的高质量产品;同时,努力排除外部干扰,不断改进内部管理,沿着既定战略方向前进。

★扬子石化:贡献国家,服务民生

石化工业,对于解决人民穿衣吃饭的基本需求、推动我国经济社会快速发展,发挥着巨大的作用。

在江苏南京,有一座大型国有企业——扬子石化。它以 300 万吨/年炼油能力起步,历经两轮改造,如今炼油规模增加到 1 250 万吨/年,具备 700 万吨/年成品油供应能

“加油时，别忘了扬子石化”

力，形成了92＃、95＃、98＃及乙醇油的系列牌号汽油的生产能力；并利用最新技术，持续提升油品清洁等级，成为国内重要的清洁能源供应基地。

除了炼油，扬子石化还生产涤纶原料。据统计，截至2018年底，扬子石化累计生产涤纶原料2 096万吨，可以用于织布2 563亿米，曾经为国家从根本上解决粮、棉争地矛盾，取消粮票、布票定量供应，作出了重要贡献。

扬子石化

塑料是目前人类应用最为广泛的合成材料，以易加工、耐腐蚀、无污染等良好性能，在一定程度上替代了钢铁和木材，给人们日常生活带来了说不尽的便利。

扬子石化向市场推出与民生息息相关的塑料新品，近10年来，扬子石化成功开发了51种新产品，很多产品填补了国内空白，其中35个产品持续生产，受到用户欢迎。

未来，扬子石化，将会为国家作出更大贡献，为经济社会发展提供更多新材料，为人民生活提供更高品质的新产品。

★上海通用金桥工厂

上汽通用金桥工厂车间内，实现了100％焊接自动化，这里号称是中国最先进的制造业工厂、中国“智”造的典范。偌大的车间内，真正领工资的员工，只有10多位。他们管理着386台机器人，每天与机器人合作生产80台凯迪拉克轿车。即使从全球范围来看，达到这个水平的工厂，也不超过5家。

机器人在工作

★京东“亚洲一号”无人仓

为了提升日订单处理能力,京东的多个无人仓已经投入使用。无人仓储是物流发展过程的一个重要环节。无人仓储的应用,保证了货物仓储管理各个环节的速度和准确性,可以大幅度简化繁重、简单的人工环节,其效率是传统仓库的10倍。

“亚洲一号”无人仓

京东的无人仓库分布在全国多地,而上海“亚洲一号”,成为京东物流在华东区业务发展的中流砥柱。无论是订单处理能力,还是自动化设备的综合匹配能力,“亚洲一号”都处于行业领先水平。

★“美的”自动化空调生产线

自2012年以来,美的累计投入使用800多台机器人,自动化生产线改造费用超过6亿元。美的中央空调,拥有核心零部件和全自动组装生产线，生产效率提升70%，生产线人数下降50%，产品合格率达到99.9%，达到空调行业的领先水平，能够与宝马、奔驰自动化生产线相媲美。

美的自动化空调生产线

★世界第一个5G智慧全自动码头

上海洋山深水港四期，是全球领先、亚洲首个全自动化码头，世界上第一个5G智慧全自动码头，也是世界上卸货速度最快的码头。在这里，单台起重机平均每小时可处理39.74个集装箱，全码头能在9小时内处理约1 800个集装箱！

它被外媒称作“魔鬼码头”，成为目前全球最大的全自动化集装箱码头，年集装箱吞吐量是美国九大港口的吞吐总量，占目前全球港口年吞吐量的10%。集装箱装卸转运全部由智能设备完成，很多核心技术都由中国自主研制。

上海无人码头

★老干妈自动化生产车间

深受世界人民喜爱的“老干妈”，不仅味道好，连自动化水平也没有落后。老干妈生产线，除了检修时外，全年每天24 小时不停运转，已经有 10 年之久，一天能生产 300 万个辣椒罐。工业食物的制造非常重要的就是口感的稳定，通过自动化生产线，这些因素都严格按照商业机密的配方，保

老干妈自动化生产线

证了老干妈口感的稳定。

★江苏海门京海集团

“智慧农业”先行者，江苏海门京海集团，作为国家农业产业化重点龙头企业，是以肉种鸡生产为主导产业的科技型企业。

历经20多年系统研究，京海集团育成京海黄鸡国家级新品种1个，其高效生产、健康养殖、疫病综合防控等集成技术，已在全国11个省市推广，成为农业部在全国推广的典范。据统计，到目前为止，京海集团已在全国推广京海黄鸡种苗2.69亿只，总经济效益达75.12亿元。

在2019年国家科学技术奖励大会上，江苏海门市京海禽业集团有限公司，与扬州大学、江苏省畜牧总站合作申报的“优质肉鸡新品种京海黄鸡培育及其产业化”项目，荣获国家科学技术进步二等奖。

★江苏田娘农业科技有限公司

这是一家专业处理畜禽粪便、秸秆等农业固体有机废弃物，生产有机(类)肥料，发展优质农产品生产的特色环保型农业科技企业。

田娘大米饭

田娘公司，以古里镇坞丘万亩优质粮基地为基础，目前租种面积达 4 800 亩，涉地面积达 6 800 亩，其中 1 300 亩已通过无公害稻米基地认证、500 亩已通过有机大米基地认证，具备年产系列优质大米 2 000 多吨的能力。

“把臭的变成香的，把粪肥化作稻麦香”，这是“田娘”事业的精髓。十多年来，田娘公司，一头吞进畜禽粪便、秸秆等废弃物，产出有机肥；一头用有机肥育秧、肥田，吐出优质的绿色“田娘”大米，中间组建一系列合作社，走出了一条新型经营模式，实现了资源循环利用和农业的可持续发展。

5. 甩掉贫穷　奔向富裕

★“老区”变“新区”

过去，薛庄村的穷，在江苏泰兴市黄桥老区，是出了名的。村里没有一家企业，没有一处闲置资产和房产，集体收入为零。近年来，依靠工作队和市国土局等部门的精准扶贫，薛庄村甩掉了贫穷的帽子。

精准扶贫，首先需要“输血”。针对致贫原因，泰兴市实施“一镇一策”“一村一策”“一户一策”，推动“老区”变“新区”。

他们开展对应的挂钩帮扶。2016 年以来，96 个挂扶部门，投入帮扶资金 1 164.47 万元，为经济薄弱村实施增收

漫画：不丢下一个贫困人口

项目 76 个，基础设施建设项目 58 个，帮扶企业投入资金 746 万元。

组建招商小组，筹划建设标准厂房，启动电子商务、物流、设施大棚、畜禽养殖等项目……在泰兴市新街镇野肖村积极开展。过去野肖村因为交通闭塞，长期陷入发展困局，集体收入还不足 2 万元。如今，野肖村大变了样。

脱贫不能"等、靠、要"，需要增强自我"造血"功能。泰兴市姚王镇，以"远大家俱"为龙头，在 18 个村设立创业富民基地，吸纳 190 个低收入农户，开展户外编藤加工，人均年收入大幅增加。他们的致富经验，作为典型，在江苏省委会议上作介绍。

★不让贫困扎根

连云港市赣榆区西棘荡村，一个曾经的贫穷村，如今发展为富裕、和谐的经济强村和省级文明村。

棘荡村，不仅依靠政策脱贫，还依靠一整套长效帮扶机制和措施。针对贫困户，棘荡村分门别类进行针对性帮扶，提供就业岗位、创业机会。有创业能力的，给予资金帮扶，缺乏劳动技能的，提供公益性岗位；针对最为困难的群体，则发动村里的大户实行“一对一”帮扶。

解决村里的贫困户，村集体发挥了重大作用。村里一位陈姓村民因病去世后，家庭一贫如洗，妻子带着两个孩子艰难度日。村集体掏钱为他们盖起了房子，每月还定期给予补助金。

村党支部引领大家，大力发展经济，在扶贫路上，不落下一个贫困家庭，不丢下一个贫困群众。

二、我们的人民当家作主

今天，我国各族人民当家作主，同心同德、艰苦奋斗，取得了令世界刮目相看的伟大成就。

中国故事

1. 国庆70周年大阅兵

壮丽70年，奋斗新时代。2019年是新中国成立70周年。

国庆这天，北京天安门广场举行隆重的阅兵仪式。中国人民解放军三军将士，整齐划一，昂首阔步，雄姿英发；众多先进武器装备第一次向世界展示，武器超前，气壮山河，场面空前壮观。

这次阅兵，呈现出国富民强、大国担当的壮美景象。此时此刻，华夏儿女热血沸腾，倍感自豪。

清晨，新中国阅兵史上最大规模军乐团——由1 300余名官兵组成的中国人民解放军联合军乐团亮相活动现场。

9时58分，庆祝中华人民共和国成立70周年大会即将举行，党和国家领导人来到天安门城楼主席台。

10时，中共中央政治局常委、国务院总理李克强，宣布庆祝中华人民共和国成立70周年大会开始。

10时02分，庆祝大会举行升国旗仪式。70响礼炮响彻云霄，国旗护卫队官兵护卫五星红旗，从人民英雄纪念碑行进至广场北侧升旗区。中国人民解放军联合军乐团奏响《义勇军进行曲》，全场高唱中华人民共和国国歌，五星红旗冉冉升起。

10时09分，中共中央总书记、国家主席、中央军委主席习近平发表重要讲话。

10时20分，习近平乘坐检阅车，经过金水桥，驶上长安街。阅兵总指挥报告受阅部队列队完毕，习近平下达检阅开始的命令。习近平驱车来到三面旗帜前停车肃立，向旗帜行注目礼。随后，习近平乘车沿着宽阔的长安街检阅部队。

10时44分，空中护旗梯队拉开阅兵分列式的序幕，中国共产党党旗、中华人民共和国国旗、中国人民解放军军旗，飘扬在天安门广场上空。20架直升机组成巨大的“70”字样。

受阅部队由15个徒步方队、32个装备方队、12个空中梯队组成，他们依次通过天安门广场，接受祖国和人民检阅。

威武雄壮的阅兵方阵后面，是激情飞扬的群众游行，天

国庆 70 周年阅兵

安门广场成了欢乐的海洋。爱国主义情感让我们热泪盈眶，爱国主义精神构筑起民族的脊梁。这一切，汇聚成礼赞新中国、奋斗新时代的前进洪流，给我们增添了无穷力量。

2. 好县长高德荣

高德荣，云南贡山人，独龙族。曾任乡长、县长、县人大常委会主任等职。高德荣一心为公为民，为改善独龙族同胞的生活奉献一切。虽已退休，仍奋斗在为独龙江、独龙族服务的第一线，人们至今仍亲切地称他为“老县长”。

独龙江乡有 4 000 多名独龙族群众，这里偏远闭塞，贫穷落后。通往县城 90 多千米的简易公路，也是 1999 年才修通，现在仍有半年因大雪封山而中断。高德荣幼年家贫，是党和政府及乡亲养育他长大，与独龙族乡亲血肉相连的感情与生俱来。独龙江的落后和贫困让他放不下，为了为家乡作贡献，他甚至放弃到省里工作的机会。

为了让独龙族人早日脱贫，他手把手指导和帮助群众发展特色产业致富。

高德荣

“第一次见老县长，感觉样子就跟村里老大爹一样。”村民王丽萍这样评价。在这位“老大爹”的多年帮扶下，王丽萍家种苞谷、苦荞，养猪羊，两个孩子也上了学，生活各方面都有了大幅度的提升。高德荣的车里常备着些大米、油等，下乡时遇到贫困群众，他总是给予帮助。

老县长的“办公室”在田间地头、施工现场、火塘边。当地许多村民养蜂，养蜂收入高，但蜜蜂进洞筑巢比例低和产量不高的问题，经常困扰着大家。高德荣就带头养蜂，总结经验，再把自己的养蜂经验传授给养殖户。

独龙江的草果种植也是老县长带头的。2007 年，高德荣邀请专家开始探索种植草果，并带头种植。示范的草果有收获了，价格不错，群众就跟着种。在巴坡村，老县长还自己拿出种苗，把村干部喊来手把手教他们种植。如今草果种植已经成为当地的重要产业。

多年来，高德荣竭尽所能，把国家对少数民族群众的扶持政策落实好，督促实施好帮扶工程，让群众得到实惠。很多人对他又敬又畏。“敬”的是他身正风清，敬业奉献，不谋私利。而“畏”的是他讲原则，如果事情做得不对、工作干得不好，他会绝不留情地严厉批评。

远眺独龙江乡

如今，年已六旬的高德荣，仍奋战在帮扶工作一线。他说：“看到群众生活一天比一天好，是我最大的快乐。”

3. “强富美高”在江苏

习近平在江苏视察时，提出“努力建设经济强、百姓富、环境美、社会文明程度高的新江苏”。从此，“强富美高”成为江苏发展的新蓝图、新坐标，鼓舞人心，催人奋进。

★“强”，增强经济创新力

为了更快地发展经济，江苏大力提倡创新，让创新真正成为引领发展的第一动力。近年来，江苏研发投入均超过2 000 亿元。

在南京举行的“中国江苏 · 大院大所合作对接会”上，

一支支由诺贝尔奖得主、院士专家率领的院所团队，当场签约了众多重大项目，为近千家企业，解决技术难题。

在无锡市超算中心，有一台超级计算机叫“神威·太湖之光”号，这是我国第一台全部采用国产处理器构建的计算机，它连续3次荣居世界超算榜首。

由苏州市信达生物制药公司制造的生物药专利，被卖到了国外制药巨头，实现了我国高端生物药出口的“零突破”。

在常州市天合光能公司，光伏系统解决方案实现了产业链垂直一体化整合，先后13次打破世界纪录……

超级计算机“神威·太湖之光”

目前，江苏正着力打造具有全球影响力的产业科技创新中心和具有国际竞争力的先进制造业基地。

★“富与美”，惠及百姓生活好

江苏积极打好富民组合拳，让发展成果更多、更好地普惠于民。

淮安市淮阴区刘老庄村，这个贫困村如今已经大变模样：全村 588 户，家家住楼房，青壮年在家门口上班，不用外出打工。村支书介绍："幼儿园、健身广场……城里有的咱们都有。"通过农村企业化、家园旅游化，刘老庄拔掉了穷根。在江苏，更多像这样的乡村走上了致富路。

今日刘老庄

徐州市邳州一年一度的板材行业工资集体协商会议如期举行。一位入行 19 年的老工人说："工资集体协商制度，让咱们工人有了说话的机会。"如今，这样的工资集体协商，在江苏已成常态，职工的"钱袋子"一天天鼓了起来。

太湖美，美在太湖水

江苏在治理太湖方面,也收到了很大的成效。曾经肆虐整个太湖流域的蓝藻,如今却成了"香饽饽"。通过全自动化收集和太阳能干化,蓝藻变成了制造活性炭的原料,净水同时也创造出经济效益。

徐州市贾汪区潘安湖景区,80 多岁的老矿工很感慨:"过去'一城煤灰半城土',变成了'一城青山半城湖',不简单哩。"如今,一处处采煤塌陷地被改造成风景宜人的风景区。贾汪区每年接待旅游人数和旅游收入不断增加。

★"高",攀升文明新高度

在江苏,社会文明,百姓幸福。

文明正成为城市的新名片。江苏现有 9 座全国文明城市、14 户全国文明家庭,先后涌现出"时代楷模"赵亚夫、王继才王仕花夫妇这样的榜样人物,以及南京火车站"158"雷锋服务站等志愿群体。

"158"雷锋服务站为民服务

群众说:现在这个新的市民中心,党和政府对我们老百姓的关怀特别好,办事的效能特别高了,而且节省了很多的时间。

群众说:原来办事要到处跑,要跑到人社局,要跑到地税局,还要跑到银行,要跑好几家,现在在一起,方便多了。

5. 村民作主的山泉村

在名村遍地的江苏省江阴市,有一座名不见经传的山泉村。这里多年来管理混乱,民心涣散,负债累累。

村民们想到了李全兴,希望他能出任村干部,带领大家改变生活。1965 年出生的李全兴在商海中打拼,是远近闻名的亿万富翁。

面对乡亲们的期望,李全兴搁下企业的上市计划,回到村里,当起了村干部。

李全兴上任后,向村民作出了郑重承诺:“从此山泉村委没有干部,只有仆人。5 年建设新山泉。”很快,村民们发现村里风气变了。村民选出 97 名村民代表参与到决策中,不公正的事情没了,想知道的事情,都能知道了,失散的民心又都回来了。

李全兴说,凡是村民关心的,就必须进行公开;凡是村民想知道的,就必须让群众知道。为此村委开展一系列的工作:村里重大事务,编成小册子发放到村民手中;张贴村务公开栏、输入电子信息查阅屏,让村民真正了解和参与村里的各项事务。

在泰州，“一门三院士”的事迹广为传颂。“三位院士”指的是李德仁、李德毅、李德群三兄弟。满门英才的秘诀，就在李氏家训中，因为有优秀家训的熏陶，他们一步步迈向科学的殿堂。

为深入挖掘优秀传统家训的时代价值，江苏开展一系列活动，发挥优秀传统文化的功能。

4. 为民服务“一站式”

为了让群众“办多件事跑一次腿或零跑腿”，2019 年月江苏省金湖县成立市民中心，将政府服务资源装进“一栋楼”。全县 52 个职能部门，30 家中介服务机构，722 个服务事项，全部集中进驻，是省内目前规模最大、功能最全、进驻部门和事项最多的县级政务便民设施，被授予 2019 全国政务大厅“服务优化奖”。全省唯一。

漫画：“一站式”为民服务

村里还成立村民代表团，实行村民议事制，让村民享有决策权。

“民心齐，泰山移。”在李全兴的带领下，一系列工作都开展得有声有色，山泉人实实在在地享受到了自己当家作主的甜头。在享有尊严与权利的同时，山泉人也迸发出超乎想象的热情与干劲。

漫画：实行村务公开

2018 年，全村集体净资产，从 2008 年的 0.47 亿元，增长到 4.99 亿元；村级收入从 2008 年的 1 750 万元，增长到 6 410 万元；人均纯收入达到 6.18 万元，跃居全镇之首。

如今的山泉村，村民全部住上了新房，村里卫生服务站、老年活动中心、活动广场等设施一应俱全。村中小河清澈，白墙灰瓦，村民生活安康幸福。用村民的话说，他们过上了以前做梦都想不到的好日子。

“村干部是仆人，村民才是真正的主人。”这是李全兴的名言。

三、我们的科技大步向前

一粒种子可以改变一个世界，一项技术能够创造一个奇迹。科学技术是人类伟大的创造性活动，是国之利器——国家赖之以强，企业赖之以赢，人民生活赖之以好。

我们中国，在全球科技创新的大赛场上，不容落伍，正大步向前，迎头赶上、奋起直追、力争超越。

中国故事

1. 令人鼓舞的辉煌成就

中国的工程师、科学家们，近年来完成了十大科技成就，令人鼓舞，举世点赞。

★“嫦娥四号”首次登陆月背

“嫦娥四号”探测器成功着陆月球背面预选着陆区，并且通过“鹊桥”中继星，传回了世界第一张近距离拍摄的月背影像图，揭开了古老月背的神秘面纱。

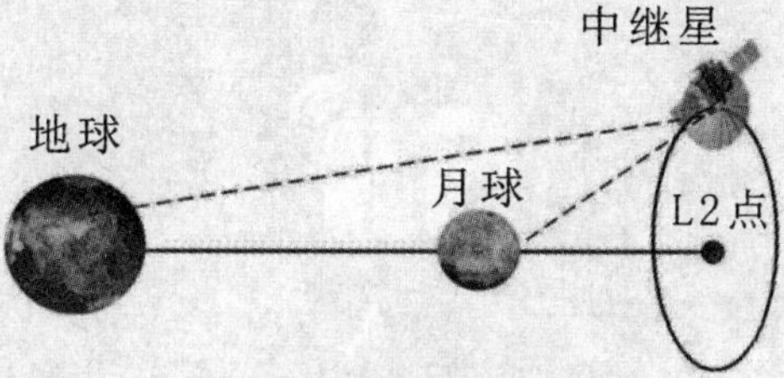

“鹊桥”中继星工作原理

★ 时速600千米高速磁浮样车下线

我国时速600千米的高速磁浮试验样车在青岛下线，这标志着我国在高速磁浮技术领域实现了重大突破。

时速600千米高速磁浮样车

★ 5G商用牌照正式发放

工信部正式向中国电信、中国移动、中国联通和中国广电发放5G商用牌照，这意味着中国正式进入5G商用元年。

宣传画:5G 来了

★ 华为发布操作系统:鸿蒙

鸿蒙系统,可以按需扩展,实现更广泛的系统安全,主要用于物联网,特点是低时延,甚至可到毫秒级,乃至亚毫秒级。

"鸿蒙"发布会

★ "捷龙一号"首飞成功

"捷龙一号"运载火箭,在酒泉卫星发射中心点火升空,成功将 3 颗卫星送入预定轨道,发射取得圆满成功,标志着中国"龙"系列商业运载火箭登上历史舞台。

"捷龙一号"点火升空

★ 北京大兴国际机场正式投运

大兴国际机场占地面积达到 140 万平方米，有着世界规模最大单体航站楼、世界施工难度最大航站楼、世界最大隔震支座航站楼、世界最大无结构缝一体化航站楼。

航站楼夜景

★ 平潭海峡公铁两用大桥贯通

全桥共计 228 个桥墩，钢结构用量 124 万吨，混凝土用量 294 万方，其用钢量和混凝土总方量，是迄今为止国内外桥梁之最，大桥贯通也意味着未来“京台高铁”的关键节点建成。

平潭海峡公铁两用大桥

★ ±1 100 千伏特高压直流工程通电

“新疆准东——安徽皖南”特高压直流工程，全长 3 324 千米，共有铁塔 6 079 基，是目前世界上电压等级最高、输送容量最大、输送距离最远、技术水平最先进的特高压直流输电工程。

特高压直流工程

★ 东风-41核导弹首次公开亮相

东风-41,是我国现役导弹中射程最远的型号,它的性能与发达国家第六代洲际弹道导弹基本相当,部分技术甚至已超过它们。

东风-41核导弹

★ 发现迄今最大黑洞

国际科学期刊《自然》,发布了中国科学院国家天文台刘继峰、张昊彤研究团队参与的这一重大发现。这颗70倍太阳质量的黑洞,远超理论预言的质量上限,颠覆了人们对恒星级黑洞形成的认知。

迄今最大黑洞

2. “嫦娥”来到月球背面

2019 年 1 月 3 日，10 时 26 分，中国“嫦娥四号”探测器成功着陆在月球背面，实现了人类探测器首次月背软着陆、首次月背与地球的中继通信。

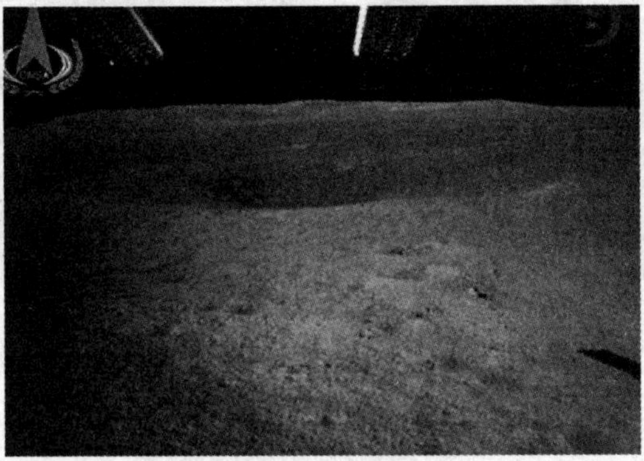

世界上第一张月背影像图

目前，人类已进行过 130 多次探月活动，包括用探测器撞击月球背面，但从来没有一个探测器在月球背面进行过软着陆。

“玉兔二号”巡视月球背面

这次通过已发射的大量绕月探测器了解到，月球背面具有不同于月球正面的地质构造，多“山”多“谷”，对研究月球及地球早期历史，都具有重要价值。

3. 走进互联网时代

移动支付、网络交易、电子政务系统、大数据产业……如今，我们已经进入了互联网时代。

中国有8亿多互联网用户，互联网也已深入到各地区、各行业，涉及大家的衣食住行。如今，许多人只需带一部手机，动动手指，就可以满足生活中各式各样的需求，充分展现出互联网的速度与便利。

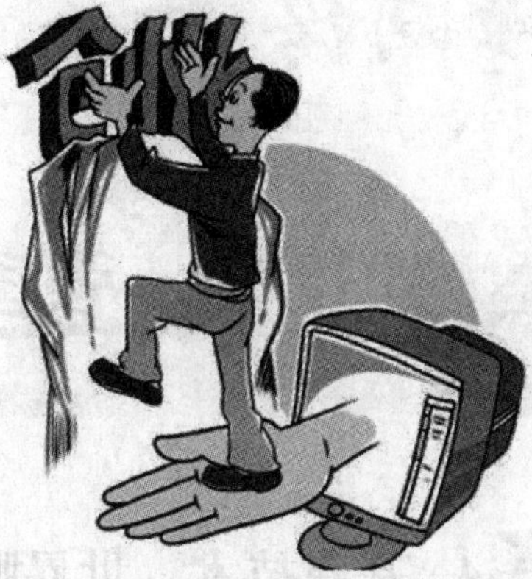

漫画：依靠互联网创业

通过互联网，网友们可以在家选择线上服务。比如可以选择网上预约美甲师上门做美甲，网上预约厨师到家烧制一顿美餐。诸如此类的服务还有很多：如买飞机票、高铁票，预约医院就诊时间、博物馆参观、风景区购票……中国已建成全球最大的4G网络，拥有全球最大的用户规模。

阿里巴巴的电商和支付宝，在短短十多年间，迅速催生出引领世界的新零售、云计算和移动支付。盒马鲜生等模式，正在成为新零售的范本。

作为全球最大的互联网公司之一的腾讯，正在社交和支付上，改变着人们的生活。从1999年的QQ，到2011年的微信，再到2013年的微信支付，每一步都是对我们原有生活方式的颠覆，而这种颠覆，已经走向世界。

随着中国公司的进入，越来越多的非洲人也使用上了互联网，非洲人也越来越感受到互联网所带来的便利。

4. 基建技术　世界瞩目

中国基建技术享誉世界，比如三峡大坝、珠港澳大桥、西电东送等工程……“睡一觉，新火车站诞生了”“看一场电影，一座桥没了”，这些近乎传奇的速度与技术，令一些外国媒体直呼中国为“基建狂魔”!

★中国桥

世界最高的桥在中国！两端位于贵州和云南的北盘江大桥,它的桥面到谷底距离为 564 米,相当于 200 层楼高,是世界上桥面最高的桥梁。

北盘江大桥

这个高度,比国外最高桥梁巴布亚新几内亚海吉焦峡谷大桥,高出近 100 米;而海吉焦峡谷大桥,只是一座运输石油的管道桥,北盘江大桥可是高速公路上的现代化大桥,桥面有载货大卡车不停往返,索塔位于悬崖峭壁之上,建设的技术难度可想而知。如今,云、贵两地的高山峻岭,通过北盘江大桥连接在了一起。

世界最复杂的立交桥在中国！山城重庆的黄桷湾立交,密密麻麻的 15 条匝道。分为 5 层,向 8 个方向延伸而去，被誉为“主城最复杂立交”，据说导航到这里都会迷路。

重庆黄桷湾立交夜景

★中国高楼

根据 2017 年数据显示，中国拥有 802 幢高度超过 152 米的大楼，超过美国的 539 幢，位居世界第一。

图中最高楼为上海中心大厦，远处的东方明珠电视塔成了小弟弟

中国的上海中心大厦，是目前世界上第二高楼。主体为118层，总高为632米，最顶层设有“上海之巅”观光厅，可360°观赏上海全景。

建筑行业有句行话，建设300米以上高楼，是一道门槛，建设500米以上高楼，是一个永久性难题。但这个难题，现在被我们破解了。因为中国有着自主研发的空中造楼机。它使得传统房屋建筑方式，发生了新的大变革，能够用短短5小时，突破500米关口；4天就建好一层，建造的房屋可以抵抗14级大风。

空中造楼机

空中造楼机采用智能控制，将全部工艺过程集中，一层一层在空中完成，因此也被称之为“空中造楼机”。

空中造楼机之所以能这么厉害，是因为它有着一种独有设计，叫作微凸支点。这些独有的微凸支点，可以承载400吨重量，大大节省人工时间，缩短工期，并且为建造房屋提供安全保障。

★中国高铁

在海外，说起“中国制造”，大多人会想起高铁。中国高铁领跑全世界。

“中国高铁”，国家名片，有着诸多世界第一。2012 年 12 月，世界里程最长的高铁——京广高铁正式全线通车；2014 年 12 月，世界上一次性建成里程最长的高铁——兰新高铁全线贯通；2017 年 9 月，世界上高铁商业运营速度最快的高铁——京沪高铁“复兴号”，实现 350 千米时速运营。

“复兴号”开进了苗寨

从 40 ℃到零下 40 ℃，中国高铁的运营环境，让不起眼的零部件都需要适应环境温度的跨度。

目前“复兴号”采用的 254 项重要标准中，84%是中国标准，无论是功能标准还是配套标准，都比欧洲标准和日本标准要高，多项技术已经领跑世界。中国高铁有着自己的特色，“中国标准”正在慢慢成为世界追逐的技术目标。

★中国隧道

中国工人们遇山开山、遇水搭桥……有一家中国公司甚至放出狠话：挖隧道，你只需要告诉我起点和终点，在这个星球上就没服过谁！

经过11年的艰难施工，有着“中国最难隧道”“世界最难掘进隧道”“中国隧道施工地质博物馆”之称的大瑞铁路大柱山隧道，平行导洞贯通，再次证明了中国基建的实力！

大柱山隧道

2015年6月，在挖掘这条隧道时，施工者遭遇了3.5千米长的高温段落。隧道里一年四季几乎都是三十七八度的高温，再加上洞内涌水十分潮湿。施工者们苦中作乐，说施工最大的福利，就是天天“蒸桑拿”。

在施工现场，一股股湿热之气扑面而来，地上堆着成吨的冰块。每天，司机都会从蔬菜公司冷库提运冰块，一次一吨，一天得运4、5次。这些冰块在隧道里5个多小时就全化掉。冰块其实对隧道内降温起不了多大作用，不过工人们干一会就能到冰块边坐一会儿，总算有了休息的地方。即使这样，一个工班也只能支撑两小时。

这样的条件下，施工没有停歇，而是24小时不间断地向前挺进。离大柱山隧道不远的地方，是保山市水寨乡海棠村。这是个贫困村，村民们都盼着铁路修好，成为一条致富路，把山货运出去。他们经常去隧道口转转，提起在隧道里工作的“娃娃们”，直说，“太可怜了，遇到这么大的困难……”

隧道内的“雨中作业”

隧道开通后，只需要5分钟，火车就能穿越14.5千米的大柱山隧道。坐在车厢里欣赏风景的旅客们，也许不知道，为了这5分钟的畅通，有那么一群人，付出了整整13年的青春和汗水。

★中国公路

截至2019年，中国公路总里程已达484.65万千米、高速公路达 14.26 万千米,居世界第一!

如今,中国公路不仅延伸到中国每个偏远角落,连青藏高原、沙漠地区,也有了多条公路。

塔里木沙漠公路

李白曾惊叹的难于上青天的蜀道,而今不仅通了高速公路,还通了高铁!从北京到乌鲁木齐,更是一条 G7 高速,翻山越岭,经戈壁荒漠,直达到底。

今天的"蜀道天路"

四川雅西高速，被誉为“云端上的公路”，是世界公认修建难度最大，没有影响环境而修建起来的一条公路：它跨越青衣江、大渡河、安宁河等水系和12条地震断裂带；穿越崇山峻岭之间；有隧道25个，架桥270座。这是中国公路史上的奇迹工程，全世界很少有人能够做得到！

四川雅西高速

★南水北调　利国利民

为了缓解我国北方缺水困境，优化水资源配置格局，中国实施了南水北调工程。南水北调，充分体现了中国智慧，彰显了国之实力，证明了中国制度、中国道路的巨大优势。

千里调水来之不易，通水的背后，是无数智慧与汗水的凝结。1 000多家参建单位，扎根在近3 000千米的工地现场，攻克一个个世界级难关。有关部门和沿线7个省市干部、群众全力保障工程推进，40余万征迁群众舍家为国，为调水梦的实现作出了卓越贡献。

美丽的南水北调中线渠首

5. 科技脱贫　专家指导

近年来，每到六、七月份，红通通、火辣辣的小龙虾，就是许多吃货的最爱。江苏省盱眙县，是全省小龙虾的主要供应地，黄花塘镇也在其中。

黄花塘镇是革命老区，许多年来，黄花塘镇一直比较贫穷。

在国家精准扶贫的号令下，黄花塘镇依靠科技，大力推广应用"稻虾综合种养"模式，从此农民开始致富奔小康。

★因镇制宜　科学谋划

2015 年，省农科院沈新莲研究员来到盱眙。他和粮作所水稻专家们一起研究把小龙虾养在水稻田里的养殖方法。

但是这种养殖方法却碰到了种种技术难关。为了越过难关，沈新莲白天下地观察，晚上翻阅书籍，潜心研究。

很快，黄花塘镇五星村的稻田边，开挖出了1米宽的水沟。3月在水沟里放入第一季小龙虾的虾苗，6月大虾收走，然后种上水稻，再接着补充虾苗。在沈新莲等人的努力

稻虾共作

下，当年，这项试验就获得成功，水稻与小龙虾结为“互帮互助”的亲密伙伴。一年下来，一亩地能收获水稻1 200多斤，捕捞小龙虾200千克。

试验成功后，当地农民喜出望外，不到一年，“稻虾共作”的希望田，在盱眙铺开3万多亩。

★“一稻三虾”　科技助力

2017年，江苏省农科院又成立了专家团队，为黄花塘镇提供技术服务。

包括张家宏在内的专家团队，为黄花塘镇带去了自己钻研多年的独创成果——“一稻三虾”种养模式。这种模式在传统“稻虾共作”的基础上，又增加一期成虾和一季虾苗，实实在在地提高了龙虾收成。

村民卢勇，听取了张家宏的专业意见，不惜成本在田沟开垦、水利建造上加大投入，没想到，“一稻三虾”的好收成，让他在第二年就拿回了成本。

年逾花甲的曹树科和老伴，都患病严重，劳动能力十分有限。2018 年，他进入种养殖企业打工，一边在企业帮工，另一边，“学有所成”的老曹，在专家帮助下承包了 2 亩土地，自己搞“稻虾共生”，一年下来利润 12 000 元左右，高高兴兴地脱了贫。

专家、科技帮大家走上了致富之路。

四、我们的文化繁荣灿烂

我们中国人民，正进行着伟大创新、建设伟大工程、推进伟大事业、实现伟大梦想，这一切都没有离开文化所激发的精神力量。

中华文明必定传承下去，并以中华民族的伟大复兴，中华文明的不断辉煌，为人类文明发展，提供丰富的中国元素。

中国故事

1. 运河文化展新颜

大运河，中国古代人民创造的一项伟大工程，是世界上距离最长、规模最大的运河，它贯通祖国南北、联通中华古今，传承着我们民族的悠久历史和文明基因。

大运河流经 8 个省市，其中江苏段有 790 千米，拥有世界遗产点 22 处。串联着吴文化、淮扬文化、楚汉文化、金陵文化等地域文化。

大运河江苏段

江苏人对大运河的感情与日俱增。

近年来，江苏省淮安市人民，着力打造"水清、岸绿、生态、靓丽"的秀美城区水环境。如今流过此处的运河段，水清岸绿，碧波荡漾，已成为国家4A级旅游景区。许多居民由衷地说："家门口这条不起眼的老运河，变成了如今的风光带，每天沿河边散步休闲，真是心旷神怡。"

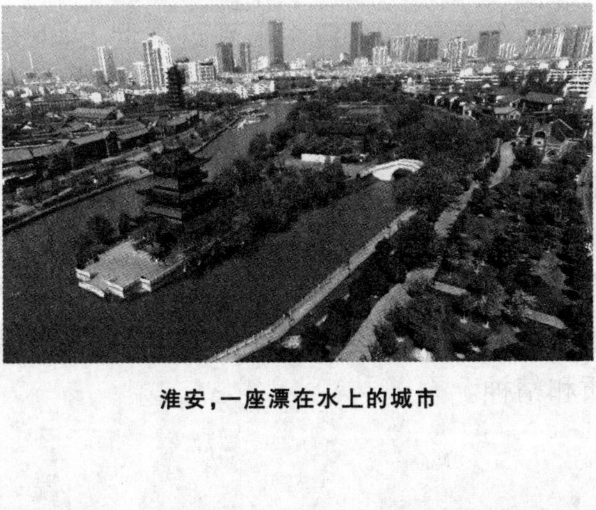

淮安，一座漂在水上的城市

目前，包括淮安在内的江苏人民，正在做三件大事：一是做好保护、传承和利用的文章；二是坚持“点、线、面”结合，按“河为线、城为珠、线串珠、珠带面”的思路，把重要节点打造成一颗颗璀璨的生态“珍珠”；三是发挥政府、市场“两只手”的作用，用法律武器为千年运河“护航”。

2. 烈士精神永不朽

在南京雨花台烈士陵园，留下姓名的烈士就有 1 519 名。他们的事迹，展示了共产党人的崇高理想信念、高尚道德情操、为民牺牲的大无畏精神。如今，雨花台已经成为全国各地党员、人民群众慕名前来的著名“红色殿堂”。

“就是死，也不能干孬种事！”这段文字，是用黑色钢笔，工工整整地写在蓝色笔记本的第 23 页上。这本蓝色笔记本，是贺瑞麟烈士的《死前日记》，国家一级革命文物、雨花台烈士纪念馆的“镇馆之宝”。

“宝贝啊，你有一万个理由来到这个世上，但是妈妈只有一个理由带你一起赴刑场，因为妈妈不能改变自己的信仰。”舞台上，浑身血迹的清秀女子戴着镣铐，用手轻抚着隆起的腹部，声泪俱下。由雨花台干部学院全体教师创作、献演的教学情景剧《丁香》，使不少观众深深感动，泪洒当场。

如今，在清明节、国庆节、烈士纪念日等重要日子，雨花台都会举办各种纪念活动，用庄严的仪式，激励参观者学习烈士品质和精神。

南京雨花台烈士纪念雕塑

3. 农民乐团有作为

江苏徐州市贾汪区马庄，1988 年开始组建村民乐团。虽历经许多挫折，但还是坚持下来。如今，乐团固定成员发展到 20 多人。每逢节假日，乐团都要为村民表演，夏季纳凉晚会、春节文艺汇演……更是热闹非凡。

2017 年，习近平在马庄调研时对当前的新农村建设予以肯定。

当时站在总书记身边的孟庆喜，事后感慨：30 多年来，村里坚持“文化立村，文化兴村，文化惠民”，“文化马庄”让马庄有了名气、人气、财气、好运气；老百姓不仅得了实惠，村风民风都呈现出完全不一样的新气象。

马庄乐团行走在意大利街头

因为马庄乐团，很多人知道了马庄村。马庄村出名了，外面的投资也纷纷来了，马庄经济越来越好。

有了经济实力做支撑，马庄乐团越办越好，乐团“漂洋过海”，在国际上多次获得艺术比赛大奖，让世界领略了中国农民的风采。

今日马庄

马庄先后荣获了“全国文明村”“中国十佳小康村”“中国民俗文化村”“全国民主法治示范村”“中国美丽乡村”等国家级奖项40余项。

4. 留住乡愁建家乡

习近平多次强调:建设美丽乡村,新农村建设一定要走符合农村实际的路子,遵循乡村自身发展规律,充分体现农村特点。

★家乡美,留住乡愁

每个人心中都有乡愁,那是自己的精神家园;家乡在哪里,我们的根就在哪里。

徐家院,南京市江宁区谷里街道远近闻名的特色田园乡村。这里的初冬,田间已基本上没有什么作物,附近的老农正在地里种花。村子里,鸡鸣狗吠,地里立着大型稻草人,迎接客人的到来。沿着村子走,咖啡店、中餐馆、精品民宿错落有致。

每年春秋旺季,这里都有油菜花、郁金香、薰衣草、向日葵等花海景观,游客络绎不绝,民宿一房难求。即使在冬天的淡季,也有不少市民从附近的城镇赶到这个"网红"田园景区"打卡"。在村里的九曲桥上,几位身着盛装、慕名而来的马鞍山游客,正随着音乐边走边拍摄视频,"不用特别剪辑,拍到的全是美景。"游客们纷纷乐哈哈。

在江苏省颁布的首批特色田园乡村名单中,徐家院榜上有名。

南京徐家院

多次被央视《新闻联播》点赞的南京市江宁区，随着“美丽江宁环线游”等乡村旅游专线的开通，一举成为江苏乡村旅游“人气王”。大塘金香草谷、黄龙岘茶文化旅游村等，成为人们寻觅乡情的必去之地。

美丽江宁

★老物件，留住乡愁

福建省金井村有一个家书乡情馆，这里收藏着一件件老物件，这些老物件唤醒了居民的乡愁记忆。

煤油灯

家书乡情馆，位于村党群服务中心二楼，是由原来的农家书屋改造而来的。走进这里，满满的亲切感：煤油灯、老熨斗、旧时钟、旧自行车、旧课桌、锣鼓、鸡公碗、栅门，还有家书、侨批封……这些熟悉的老物件，一件接一件，让人有些目不暇接。

整个展馆只有 60 多平方米，却整齐地分布着“史海拾珍”“往事如烟”“历史旧物”三个部分。其中，“史海拾珍”收藏了 1879 年至 1976 年间，涉及该村的珍贵历史资料图片 30 张（地契、侨批封、侨汇券等）；“往事如烟”展示了中华人民共和国成立以来该村的珍贵历史资料照片 27 张（生产队社员劳作、建设等）；“历史旧物”展示了早期的居家生活器物（车票、电影票、粮票、小人书等）。

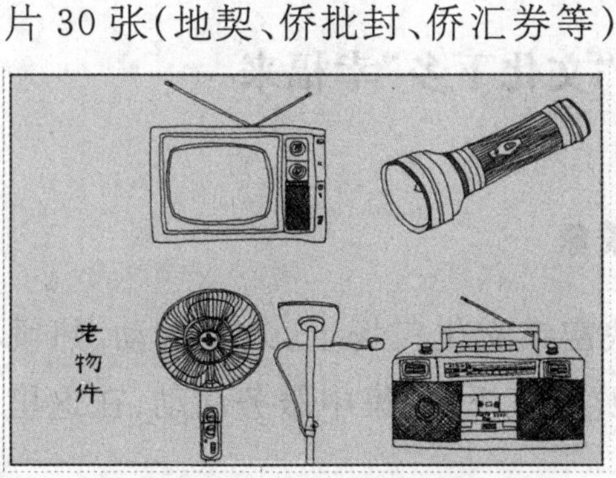

漫画：老物件

村民来到这里，不仅可以参观旧物件，还能选一本有关地方乡土文化的书籍，坐下来慢慢品读。

年画：过年了

金井村是侨乡，为了留住村民及海外乡亲的乡愁，村里打造了“升级版”农家书屋——家书乡情馆，集中展示一些老物件，目的是在保留农家书屋功能的基础上，增加乡愁乡情元素，发挥珍藏乡村记忆的作用。

5. “文化下乡”幸福来

★邳州，一派热闹景象

年底，江苏邳州市铁富镇文化广场上，人头攒动、热闹非凡，徐州市文化科技卫生“三下乡”集中服务活动，在这里启动。

新春佳节临近，这场“三下乡”活动，提前把节日的氛围，带到邳州人民身边。除了载歌载舞的文艺演出，文化广场旁的街道上，还设置了近百个服务摊位，写春联、剪窗花、猜灯谜、看年画，一派热闹景象。

跑竹马、舞狮子等富有邳州地方特色的非遗文化体验项目，也随“三下乡”活动走进乡村，让群众近距离感受传统文化的独特魅力。

“三下乡”歌舞表演

省、市有关部门在现场，捐赠款物达 1 066 万元，还有数十家职能单位，为农民朋友送去卫生、计生、农业、科技等方面的免费咨询服务。

“三下乡”活动，给广大农民群众送去幸福、快乐的元旦、春节。

★盱眙，比过年还热闹

“今天镇里比过年还热闹！”新年伊始，江苏省盱眙县马坝镇，虽下起蒙蒙细雨，但到处是从四面八方涌来的群众。

淮安市文化科技卫生“三下乡”集中服务活动来到这里，他们带来了很多惠民服务，有健康咨询、农技服务咨询、法律咨询等，把温暖和实惠送到了当地群众的家门口。

随着盱眙锣鼓、钱杆舞的表演，欢乐祥和的节日气氛，一下子在全镇漫溢开来。

最抢手的还是春联。20 位书法家，现场挥毫泼墨，为群众书写春联 500 余副、“福”字 600 多张，每张都没写好就被提前预订。

“三下乡”最醒目的标记是民生情怀。在镇政府出口，设有帐篷，开展惠民服务。你家拿来电视机，他家送来机顶盒……短短一小时为大家免费修好家电三四十件，赠送年画、日历等新年物资上百件。

盱眙锣鼓、钱杆舞表演

农民生活水平提高了，对农技和机械的需求也越来越旺。科技专家在现场为农民提供技术咨询服务。现场展示 10 台高性能无人植保机，引起大家极大兴趣，纷纷询问无人机作业性能。农机专家一一作答，现场捐赠农机具 12 台。

丰富多彩的服务活动，给当地群众送去了实实在在的幸福礼包。

五、我们的社会安定祥和

今天的中国，呈现给世界的，不仅有波澜壮阔的改革发展图景，更有一以贯之的平安、祥和、稳定。

国际社会普遍认为，中国是目前世界上最安全的国家之一；将经济持续健康发展、社会持续安全稳定，并称为中国创造的“两大奇迹”。

中国故事

1. 在中国“很安全”

很多来过中国旅行，或是在华工作和学习的外国人，都对目前中国的治安环境，竖起大拇指点赞。

外国人对中国治安的好印象，大都来自日常生活体验，正所谓“没有比较就没有鉴别”。外国人的安全感主要表现在以下几个方面。

第一，深夜敢出门。这是外国人反映最集中、体会最深切的细节。

瑞典演员蒂莫西·皮洛蒂，曾在中国学习过两年京剧。他说，在北京，即便是深夜独自外出或聚会后回家，也不必担忧人身安全。

外国游客在中国

巴西人热娜伊娜·西尔维娅，曾在华居住和工作 6 年。她说，对于女性来说，独自外出时走什么路线、几点前回家，都要注意。但在中国，这完全不是问题。

美国一个网友则讲了自己的一件“趣事”：“在深圳，我经常散步。有一天凌晨 4 点，我在公园里溜达，听到树后有响动，过去一看，原来是一群老人家在打太极拳。”

第二，安保措施严格。尤其是地铁等公共交通设施的安全与便利，让来华外国人印象深刻。

在上海工作的贝尔蒂说，中国的地铁站都设有安检口。即便是深夜，在城市公共交通设施里，也从来没有不安全的感觉。

第三是禁枪有力度。中国对枪支的严格管控让人放心。

43 岁的柯比·马克西,经常往返于上海和约翰内斯堡两地。他说,中国政府禁止持有枪械,这一条就足以让他没有任何安全上的顾虑。

第四是治安管理细。中国维护公共安全的决心体现在每一处。

来自法国的研究生朱尔·伊扎克说,中国政府在维护公共安全方面的努力,有目共睹,比如在人流密集的地方,都有身穿制服的警察维持公共秩序,有效杜绝了危险品在公共区域出现。

现居瑞典的华人莎伦·葛,分享了自己在青藏高原上的一次见闻:在青海和西藏之间的铁路上,尽管海拔已高至 4 000 米,荒无人烟且天气状况极端,但沿途依然有士兵站岗执勤。

第五是人民热情高。无论是来中国旅游,还是在中国学习、工作、生活,外国人都能找到归属感。

生活在贵阳的外国网友法尔赞·萨法维,写道:“在贵阳,我充分体验了美好、善意和当地居民乐于助人的热情。中国就是一个让你永远不会感觉孤单无助的国家。”

据最新统计,中国每 10 万人中发生命案 0.81 起,成为世界上命案发案率最低的国家之一。

我们中国,长期开展社会治安综合治理,织牢了社会治安防控网;严格推行社会治安综合治理领导责任制,各地党政一把手负责社会治安,出了问题一票否决。这种社会治理的持续性和为民性,都是优势所在。

2.“全民通电”　享受光明

今天,大部分中国人可能都没有见过大规模停电。现在很多年轻人,甚至不知道蜡烛是何物。如今,中国发电量已经是美国的 1.5 倍,欧盟的 2 倍,相当于美国、日本、俄罗斯三国发电量的总和,位居世界第一!

在中国,无论你在高原山口,还是在沙漠腹地,无论是滨海渔村,还是密林深处,都会把电送到你家门口……中国已经实现了 14 亿人口全民通电,这是一个了不起的奇迹!

奋战在西电东送的特高压线上

2015 年 12 月 23 日,青海果洛藏族自治州果芒村和玉树藏族自治州长江村合闸通电,全国最后 9 614 户 3.98 万无电人口用电问题得到解决。从此,中国无论是雪域高原还是深山独户，都实现了通电。“全民用电”被记录到了中国电力发展的史册上。

乡乡通电、村村通电、户户通电，中国人用实际行动告诉全世界，哪怕只为一户人家，线也要架、电也要通。这种做法是不计成本、不计代价的，任何一个纯粹以营利为目的的企业都不会做。但是，中国的电网企业，就这么做了！

重庆中益乡，80％都是高山，山脊陡峭、地广人稀。供电员工在此处奋战了两个月，人工搬运电杆上山，架设7根电杆，为华溪村偏岩坝台区的7户人家供电；架设36根电杆，专为光明村余家坝台区2户人家供电。而每户人家的电费也就每月20多元……

1996年2月18日(除夕)，山东在全国率先实现全省户户通电。为了给沂蒙山山顶上的几户人家通电，30多名电力工人奋战50天，架线6千米，立杆100多根，终于将电送上。村民们敲锣打鼓舞狮子，庆贺村里通了电。

在福建三明尤溪县中仙乡华西村，为了让两位老人用上电，供电公司在村里新增一台变压器，专门从10千伏华口线，接设800多米导线，树立了12根电杆。

在陕西蓝田县焦岱镇樊家村，供电公司更是架设500米“专线”，只为一户低保户供电。

这些场景，只是中国户户通电、服务民生的冰山一角，这样的故事还有很多很多……如今，即使在最偏远的农村，供电可靠率，都达到99.8％。

在中国的高原险峰，可能缺氧，但不会缺电！然而，在这些地方建电网，异常困难和艰辛。施工人员需要跋山涉

工人们在搬运电力设备

水，将一根根电杆、一捆捆导线，背进地处深山的施工点。

在西藏，当年未通电地区平均海拔在 4 200 米以上，架设线路要翻越高山，运输靠牦牛运、马帮驮、人肩扛。有的地方施工周期短，地处高原峡谷内，全年无霜期仅为 110 天左右。

中国的供电工人克服了所有的困难，甚至把大电网的电送上了珠峰大本营。

在继青藏、川藏电力联网工程之后，2018 年 11 月 23 日，世界上海拔最高的超高压电网工程——藏中电力联网工程也投运了！

在藏中电力联网工程施工现场的供电小哥，这样描述：普通人上班，坐车坐地铁；他们上班，需要飞檐走壁。普通人上班，背着通勤包；他们上班，背着氧气瓶。普通人开车上班，在马路上行驶；他们开车上班，在悬崖边行驶，极速漂移还要避开落石。

中国电网人冒着生命危险将电送到险峰、送到绝壁、送到云端，创造了 14 亿人全部用电的“神话”。成本之高，史无前例；100 年不回本，电网也要建！

高原雪山上架设电路

比如新疆克孜勒苏柯尔克孜自治州乌恰县乌鲁克恰提乡通电工程，总投资 6 578 万元，解决 867 户 3 576 人的用电问题，户均投资为 7.59 万元。

居住偏远的藏族同胞家通电了

然而就算这样，电网的毛细血管，还是义无反顾地延伸到了祖国大地的各个角落。

在敦煌，中国首个百兆瓦级光热电站并网发电。这座电站，是全球第三座、亚洲第一座可以实现24小时连续发电的发电站。

有人会问：既然工程这么难建，耗资如此巨大，一两百年收不回成本，为什么还要费这样大力气干？中国告诉你：我们是社会主义国家，我们要共同富裕，人民不能没有电！中国的电网企业告诉你：我们是国企、央企，只要国家有需要，人民有需要，亏本也要干，牺牲也要干！

有电，才能看电视、上网，了解外面的世界；有电，才能通水、通铁路，才能通往美好生活；有电，才能搞养殖、办工厂，才有脱贫的希望；电力既是生产资料，也是生活资料，非通不可！

于是，这个让世界惊叹的电力奇迹，就这样在中国出现了！

14亿人全民用电，中国为什么能？归根到底一句话，就是因为：中国特色社会主义制度，具有无法比较的优越性！

3. 平安守护秦淮河

南京秦淮河畔夫子庙，面积只有 0.52 平方千米，密布着大小商铺 2 000 余家，年均人流量超过 3 000 万。年复一年，这里车水马龙、人潮如织，却一直平安、祥和。作为夫子庙景区的平安守护者，南京市公安局秦淮分局夫子庙派出所立了大功。

南京夫子庙

夫子庙派出所，千方百计为民解忧，兢兢业业保护民安，赢得辖区群众和广大游客的高度赞誉，先后摘得“全国青年文明号”“全国模范派出所”等“国字号”殊荣。

从 1985 年开始举办的秦淮灯会，是目前全国持续时间最长、人数最多、安全风险也相对较高的大型群众性活动，每年观灯游客达 600 余万人次，单日最高人流量近 70 万人次，治安压力很大。

为了保证秦淮灯会平安不出事故，夫子庙派出所除了依托传统的人墙战术，还充分借助科技和改革的引擎作用，确保了夫子庙灯会，连续33年零事故。

“先行一步”是夫子庙派出所的传统。他们从加强安保指挥的中枢组带入手，在全市率先建成智能化“综合指挥室”，实现了对景区安保工作的精准化指挥。

秦淮灯会现场，执勤民警胸前，都佩戴着一部黑色执法记录仪。这可不是传统的记录仪，而是便携式的4G图传仪器，像一部流动敏锐的“人体鹰眼”，执勤民警佩戴后，可以实时将现场画面传输到指挥部后台。

人民警察在夫子庙值勤

夫子庙派出所还研发了人流计数和客流态势的分析模块，设立四色预警机制，为疏导人流提供信息支撑。

科技创新无上限，为民服务无止境。夫子庙派出所还首创多种“防走失系统”，近三届灯会来，共救助老人 273 人、走失儿童 328 人。

针对景区人流量大，消费纠纷、维权纠纷、管理纠纷相对多发的情况，夫子庙派出所组建起以调解纠纷为主的“平安夫子庙前哨联盟”，每年成功调处矛盾纠纷 1 200 余起，调处成功率达 99%以上。

为游客送开水

夫子庙傍水而建，水域安全显得尤为重要。为应对景区突发事故，夫子庙派出所还成立“平安夫子庙勇者联盟”，成功开展紧急救助 87 次、救起落水人员 32 人之多。

去过夫子庙景区的游客都知道，夫子庙派出所门口，有一只“爱心茶水桶”，从 1995 年起，它便被放置在那里，历经风吹雨打，人来人往，20 多年如一日，从未间断。有人统计过，“服役”6 000 多天来，这只茶水桶，累计向市民、游客供应热水 680 余万杯、3 000 余吨。

现在，夫子庙派出所升级改造，还专门在前台，配备了饮水机和手机充电数据线，方便有需要的游客使用。

4. 他(她)们是最美志愿者

习近平指出,志愿服务是社会文明进步的重要标志。优秀志愿者的故事,可以感染你我。让我们相信:爱,会相互传递,会彼此点燃;涓涓细流汇成大海,点滴善举定能聚成大爱。

★星海社区 “网格服务”

“有困难能解决,有心愿会实现。”2019 年底,江苏省海安市星海社区,领到了一份沉甸甸的荣誉——全国“最美志愿服务社区”奖牌。

十多年前的星海社区,是标准的“城中村”——大量安置户集中,社区环境复杂。当时,几名老党员带领十多位居民,成立了卫生监督队、治安巡逻队,每天义务值勤巡逻,捡拾垃圾,劝阻不文明行为,社区志愿服务从此开始。

随着城市化进程的加快,商铺和出租房增多,人口密度增加,居民需求也越来越多样化,志愿服务“单一化”,已经无法满足居民对美好生活的向往。

2014 年,星海社区“125”爱心志愿服务站,应运而生。一个个鲜活而富有温度的生动事例,让星海志愿服务越来越有名气。

“没有烟头,也没有未成年人进网吧,今天情况一切正常。”傍晚 6 点,社区老党员徐永楼,在结束一天的网吧巡逻后,来到社区汇报情况。作为网吧义务监督小分队的“元老级”志愿者,徐永楼已经默默奉献了近 10 个年头。

最美志愿者

除此之外，徐永楼还有一个身份——小区网格员：发现广场健身器材有问题，就报给物业；哪家有矛盾，就及时上门了解情况……徐永楼笑呵呵地说："反正就是要让我们社区一直保持平安、和谐、美丽。"

兼职网格员梅桂玲，了解到许多居民喜爱打篮球，但是社区广场设施老旧，空地经常被居民挪为他用，于是梅桂玲立即反映到社区。经多方协调，社区联合城管局，在广场铺上塑胶地面，布置打造社会主义核心价值观公园，"乱糟糟"变成了"小清新"，社区居民有了安心的户外活动场地。

星海社区将辖区内不同单位的党组织，串联起来，将500多名志愿成员发动起来，按照不同专长，成立了各种"帮帮团"，真正实现了"邻里帮帮乐"。

★海门义工　志愿除污

圩角河——南通市海门人的母亲河。以前的圩角河脏乱不堪：水面上密密挤满了垃圾，易拉罐、塑料袋、鼓着肚子的死猪和爬满了蛆虫的猫狗……黑色的河水有气无力地流淌着，散发着阵阵恶臭。

身为海门人的张建伟看到这个情景，有个念头再也压不下去了：要去圩角河上，义务打捞垃圾！

张建伟在清扫污水沟

打扫垃圾这活儿太臭、太脏了，妻子也不支持，但张建伟下定了决心要做。他花百元钱，请渔民做了张小渔网，开始了"错峰出行"。早晨 4 点起床，赶在人们晨练之前，把垃圾打捞上来；到了中午，原本湿漉漉的垃圾差不多干了，张建伟再把它们运到垃圾中转站。

这样干了一两个月，消息传开了。市委宣传部领导找到了张建伟：你凭一人之力能捞几年垃圾？把你的故事宣传出去，才能激励更多人做志愿者，教育大家不要乱丢垃圾……

张建伟明白了这个道理。他成立了海门市张建伟环保志愿者工作站,很快召集了一帮志愿者。

就这样,张建伟和志愿者们一起,打捞出 15 万斤垃圾,彻底改变了圩角河的旧面貌;还对城区 3 000 多幢楼房的小广告进行了全面清理;连续 5 年到江滩、海滩进行净滩活动;收获时节,志愿者深入农田,宣传焚烧秸秆危害,深夜值守阻止秸秆焚烧……

“绿篱笆”越织越密,志愿者越来越多,环保旋风越刮越猛。2017 年,张建伟被中央文明办授予“中国好人”称号。

又一个凌晨四点,闹钟刚响,张建伟早早起了床。这天,他要带领 60 名大学生做环保。困意尚未完全消散,但他感到,家乡海门,离绿水青山的目标,又近了一步。

5. 徐州,厉害了

江苏省徐州市,是一座二线城市,2019 年,徐州市被评为“中国最具幸福感城市”;在《中国最安全城市》排行榜上,由 2018 年的第四,晋升了一位,位居全国第三!

★社会平安稳定

为了保障徐州市的安全,维护社会的稳定,徐州市公安机关,采取了一系列措施。

一项项专项行动拉开帷幕,一起起大案要案成功告破,一件件民生小案精准打击。在打击犯罪的战场上,徐州公安机关重拳出击,源源不断地为社会注入正能量。

平安徐州的实现,不仅靠公安民警的单打独斗,更有社会力量的广泛参与。目前，徐州市已组建一支58万余人的平安志愿者队伍。大走访、大排查、治安巡逻、出租屋排查整治、法治护航、护学岗……处处都有平安志愿者的身影。

美好徐州

★“幸福”成为名片

徐州市的云龙湖畔，每晚都会迎来数万名健步行走的市民，人数在全国首屈一指。穿行美景中，人们由衷地感慨“大自然被拉到了身边”。

高党村村民，早上、傍晚，会走出统一建设的两层小楼，聚集在村口小广场，跳起广场舞；回家时顺便到村上电商点，取回网络“潮品”。乡亲们自豪地说：“城里有的，村里都有。”徐州城乡，居民生活越来越相似……

在全面小康社会的征途中，徐州大力推动城乡建设高质量，把工业和农业、城市和乡村作为整体统筹谋划，促进相互融合、共同发展，让“幸福感”成为徐州城乡人民的深切体验。

★治理"牛鼻子"

徐州实施了历史上规模最大、惠及群众最多的民生工程——棚户区改造和保障房建设。

2018 年,徐州全市改造棚户区超过 1 亿平方米,52.6 万户居民受益。其中主城区改造 3 872 万平方米,30 万户居民实现了出棚入楼、安居乐业。

对于徐州矿务集团退休工人李建庭来说,棚改不但改变了居住条件,而且彻底改变了生活方式。李建庭一家人,原来居住在低矮潮湿的矿区平房,棚改后,他们住进了环境优美的住宅小区。

徐州在棚户区改造腾出的土地上,建设了农贸市场、放心早餐、社区医疗机构、中小学和幼儿园、公交首末站、音乐厅、艺术馆等,不但给大家的生活带来方便,还提升了生活品质。

环境优美的住宅小区

六、我们的生活蒸蒸日上

我们的人民，热爱生活，期盼有更好的教育、更稳定的工作、更满意的收入、更可靠的社会保障、更高水平的医疗卫生服务、更舒适的居住条件、更优美的环境，期盼孩子们能成长得更好、工作得更好、生活得更好。

人民对美好生活的向往，就是我们党和国家的奋斗目标。

中国故事

1. 少数民族同胞富裕了

★“大棚让我很有成就感”

春天的高原，绿意稀少。但走进西藏自治区日喀则市白朗县近郊，一座种黄瓜的蔬菜大棚里，浓浓绿意让人十分惬意。

黄瓜大棚的技术员、藏族小伙拉巴旺堆，正在指导几位新员工。虽然他来这片蔬菜大棚工作才一年，但已经是负责黄瓜种植的技术带头人。

来这之前，拉巴旺堆是牧民，原来每月收入才 1 000 元，现在每个月能拿到 4 500 元，一年的工资就有 5 万多，他觉得很有成就感。除了完全掌握种黄瓜的技术，拉巴旺堆还打算将来建一个自己的大棚。

在这片蔬菜大棚，有 80 名员工，其中一半是当地藏族老乡，根据对技术的掌握程度，他们每个月能拿到 4 500 元到 5 000元不等的工资。

高原大棚

目前，蔬菜产业已成为白朗县脱贫致富的重要项目；下一步，白朗县将进一步扩大蔬菜种植规模，同时创建有机蔬菜品牌，让百姓通过产业实现稳定脱贫。

★“现在我有好生活”

82 岁的藏族老党员桑珠卓玛，住在拉萨农村一幢光线明亮的小楼里。几年前，她还住在半山腰上两间低矮的土木房子。那里土壤贫瘠，一方水土养不起一方人。后来根据国家易地扶贫搬迁政策，桑珠卓玛一分钱没花，住进了现在的小楼。

由于丈夫长期生病卧床，他们家生活比较困难，当地政府帮忙给她女儿找了一份保洁的工作；桑珠卓玛自己有高血压，村里医生就经常来她家，给她测血压，送降压药……

“过去想都想不到，能有现在的好生活！”桑珠卓玛老人笑得很开心。

晒晒我们的幸福

★“有门熟练的技术踏实”

拉萨市达孜区雪乡传统手工艺制作合作社，摆放着各种色彩鲜艳、表情夸张的面具。

合作社员工西洛，在生产车间，负责为面具内里上漆。他的腿有残疾，来合作社之前主要务农，每个月收入不到 500 元。自从来了合作社，学了技术，每个月能拿到 2 500 元工资。合作社除了每个月发放固定的工资，还管吃管住，西洛觉得很满意。

色彩鲜艳、表情夸张的面具

车间的另一名员工达瓦，原来在工地干活，收入不稳定，现在在合作社负责给面具塑形，一个月能拿到 5 000 元工资。达瓦很有信心，认为现在自己还没有完全掌握制作技艺，等将来把所有工序都掌握了，就开一家自己的面具店。

合作社负责人也叫西洛，是“拉萨布制面具制作技艺”的传承人。他向游客介绍，面具制作起源于公元 7 世纪，在藏戏演出和雪顿节等场合，有着广泛的使用。合作社还为 230 名农牧民，培训编制毛毯、缝纫等技艺，实现了 70 多户农村妇女居家就业。

★为航天城搬家

在内蒙古最西端的阿拉善盟额济纳旗宝日乌拉，蒙古族土尔扈特人娜仁格日勒一家，为了支援航天建设以及保护生态，曾经先后两次举家搬迁。

娜仁格日勒说："我八九岁时跟着父母搬家，白天把所有家当驮在骆驼上，赶着羊群走，到了晚上，搭个简单的帐篷就睡了。那时候太小，不知道为什么要搬家，现在我出生的地方建起了航天城，发展得好；我们国家越来越强盛，看见这些，我总是非常骄傲。"

当时是1958年，包括娜仁格日勒一家在内的1 386名蒙古族土尔扈特人，举家搬离了这片居住了几百年的草场，为的就是让国家在这里建设酒泉卫星发射中心；2005年，为了避免过度放牧，又开始了新的搬迁，搬到旗政府所在地的纳临高勒新区，住进了宽敞明亮的安置房。

中国酒泉卫星发射中心

娜仁格日勒儿子介绍："移民搬迁给的房子，我们没有花一分钱，全家三口住着；每年草原奖补资金，我们都领着，现在有时候做点小生意，生活挺好的。"

为祖国航天事业作出巨大牺牲的蒙古族牧民，得到了国家及各民族的帮助，从医疗到教育、到日常生产生活，当地政府都不遗余力地予以保障。

2. 大山的奇迹

贵州省多山，山高林密。进入小康社会，贵州人民靠山“吃山”，养山护山，创造出许多大山的奇迹；大山的许多特产，也给百姓带来了滚滚财富。

★靠“灰刨辣椒面”致富

杨云，贵州的一位地地道道的侗族姑娘，曾经是建档立卡的贫困户。在参加一次电子商务技能培训班后，激动中申请了10万元妇女创业担保贷款，购置生产设备，在家里生产侗族特有的灰刨辣椒面，进行网络销售，并成功注册了“定旦水乡灰刨辣椒”商标。同时推出家乡特色腌肉、腌鱼、绿壳鸡蛋、土蜂蜜等系列农产品，努力以“一根网线、一台电脑”，让特色农产品走向全国。

身着盛装的侗族姑娘

目前，她的手工灰刨辣椒，日产量可达到200千克以上，月销售额达到2万元，带动周边村寨贫困户就近就业12户。这位侗家阿妹，带领乡亲致富的事迹，已成为当地的一段佳话。

★靠“非遗”致富

贵州有着深厚的民族文化基础，苗绣、马尾绣、蜡染等被列为国家非物质文化遗产。贵州省充分利用这一资源，将这些原本是家庭生活的基本技能培育成产业，给贵州带来经济收入。

伍德芬是贵州一名普通的妇女，她靠蜡染技术走上了致富之路。装着蜂蜡的杯子，在炭灰里保持温热。伍德芬拿起蜡刀，蘸上蜡液，在一块自织的白布上精心绘制起来。随着蜡刀游走，一笔一画，一挥一勾，信手推拉，不经意间，几朵盛开的花跃然纸上。

石丽平，贵州省松桃县苗绣代表性传承人，由她创立的梵净山苗族文化旅游产品开发有限公司，这些年生产的苗绣产品畅销国内，出口美国、马来西亚、沙特阿拉伯等 67 个国家。

如今，民族刺绣、蜡染、民族服装、银饰……这些曾经“养在深闺”的传统民族手工艺，正慢慢回温。大家有这么好的刺绣手艺，得到这么好的政策引导，不愁技艺传不下去，不愁大家富不起来。

★靠大山致富

六盘水盘县地舍烹村，位于乌蒙山深处，生活着彝族、苗族等 8 个民族的 200 余户人家。村前，有条清澈的马场河，河水潺潺流过。河的对岸，便是养育舍烹村人的娘娘山国家级湿地公园。

娘娘山风景区

舍烹村，曾经贴着落后、偏远的“标签”，然而这里出了一个致富带头人陶正学，让舍烹村村民，走上了富裕之路。

2012 年 5 月，在看央视新闻联播节目时，一个词引起了陶正学注意：“转型”；他认识到，要由传统农耕方式，向现代农业转型；以产业发展，带动乡亲们共同致富。

经过动员，村民们分别以每亩土地一年 520 元、450 元、300 元价格，流转到合作社名下。娘娘山下富饶的土地资源，转化为农民专业合作社的集体资产。

“三变”带头人陶正学

从村民手中流转来的土地，在陶正学的带领下，拿来发展刺梨、猕猴桃、蓝莓、特色蔬菜等产业，并先后投入3亿多元，建基础设施、农业园区。

很快，整个园区面貌发生了神奇变化，每一位到娘娘山园区旅游、参观、考察、调研的人员，都深受感动。县、乡两级党委政府全力支持，将村级发展资金、专项扶贫资金等2 250万，也入股园区，带动了1.2亿民间资本，最后，娘娘山园区总投入超过7亿元。

村民们坐车上班

如今，村里产业发展、村民富裕，村民们除了将土地流转，每年获得固定收入外，还有许多人成为合作社的固定“工人”。他们肩扛锄头、背着背篼，每天坐着合作社的中巴车，到田地里上班。

致富带头人陶正学，荣获全国“五一劳动奖章”，被评为“全国十佳农民”。

3. 吹响“健康中国”的号角

没有全民健康，就没有全面小康。我国居民健康指标持续改善，人均预期寿命，从新中国成立初期的35岁，提高到1981年的67.8岁，又提高到2018年的77岁。我们吹响了建设“健康中国”的时代号角。

★让孩子不再“心痛”

在西藏地区，先天性心脏病发病率非常高，剧烈运动、激情心动，都会给患者带来生命危险。近10年来，我国首都北京，及许多省会城市，每年都免费为西藏一些儿童患者实施先心病治疗。

2012年7月，来自西藏拉萨墨竹工卡县的5名患有先天性心脏病的儿童，乘坐火车抵达南京，随后被送往南京市儿童医院，接受免费治疗。

宣传画：我们在行动

这5名患儿，是来南京开展先心病患儿医疗免费救治行动的首批患者，最小的才两岁，最大的已经

13 岁了。

13 岁的女孩名叫扎西曲珍，早在 2008 年就已查出患有先天性心脏病，但是身处高海拔牧区的家庭，无法支付高昂的医疗费用，小曲珍的病情也因此耽误了下来。这次来到南京市儿童医院，看到宽敞明亮的病房，小姑娘抑制不住内心的激动，显得非常高兴。

★广场舞更加亮丽

近年来，每天清晨或傍晚，一群群大爷大妈，都会在街头巷尾或小广场上，跳起舞来，他们浑身注满了朝气，鲜活得像一群群青春勃发的青少年。他们嘴里唱着，身体摆动着，脸上是遮不住的欢喜。

“锅庄”，藏族人民喜爱的广场舞

每逢国庆期间，西藏拉萨布达拉宫脚下的公园，特别热闹，人们在这里载歌载舞，跳起藏族传统舞蹈“锅庄”，这是藏族人民的广场舞。作为最受藏族人民喜爱的舞蹈,“锅庄”给全国流行的广场舞,注入了新的活力。

★阳光体育满校园

足球、气排球、花样跳绳、引体向上……每逢大课间或课余时间,一所初中的校园里,时常可以看到三五成群的学生积极锻炼的身影。

这所初中,现有学生670多名,由于地处偏远农村,以往学生们的身体素质、行为习惯及运动理念等方面,都表现得不大乐观。

如今,学校在抓好文化课程学习的基础上,着力推广体育运动普及,让学生根据自己的爱好兴趣,选择适合自己的项目,得到专业的训练与培养,让运动细胞,植入每位学生的身体。

提起该校的花样跳绳,一位学生深有体会。他今年14岁,1.55米的个头,听说要参加花样跳绳,心里有些害怕。初学时,他的神经老是绷得紧紧的,手脚也很僵硬。后经体育老师的耐心指教,经过一个月的训练,已经能熟练地掌握动作要领。后来,他和其他队员,一起参加了镇上举行的文艺表演,赢得了台下观众的热烈掌声。他开心地说:“通过运动锻炼,不仅缓解了紧张的学习压力,脑子活跃起来了,还在活动中认识了许多新朋友,这项运动给我带来了许多快乐!”

4. 美丽乡村　令人陶醉

今天，小康社会里的许多乡村，美丽如画，这些乡村的每年旅游收入，都能上亿元！

★南京市江宁区谷里街道周村

周村，坐落在南京牛首山的西南麓，辖区总面积 7.6 平方千米。

周村，三座青山环抱，生态环境优美、文化底蕴丰厚、田园风光凸现，宛若“世外桃源”，绿化覆盖率达 58%以上。

这里有岳飞大败金兵的抗金故垒，有宏觉寺和始建于唐朝的宏觉寺塔，还有明三宝太监郑和墓。

近年来，周村大力发展生态旅游业，成功打造为“牛首文化第一村”。

周村

★常熟市支塘镇蒋巷村

蒋巷村，位于阳澄湖沙家浜水乡。村辖面积 3 平方千米。先后被表彰为全国文明村、中国最有魅力休闲乡村、国家 4A 级旅游景区等，还获得亚太环保协会低碳农业奖。

蒋巷村是个天蓝、地绿、水清、人勤、物丰的江南水乡宝地，农耕文脉深厚，民俗遗存丰富，集环境宜居、生态宜游、出行便利、富裕和谐的美好家园。

蒋巷村

四季有花、果品丰硕、伊水亭榭、小桥流水、鸟鸣枝头、鱼翔浅底，饱尝绿色生态的果蔬，带回放心的农副土特产品。蒋巷村把新农村建设 5 句话 20 个字具体化为自己的目标：绿色蒋巷、优美蒋巷、整洁蒋巷、和谐蒋巷、幸福蒋巷。

★小岗村，再出发

冬日安徽省凤阳县小岗村，几位老人坐在自家门口，晒着太阳，聊着家常，悠闲自在。

40 多年前，小岗村 18 位农民，在包干到户的契约书上，按下了红手印，实施“大包干”，使小岗村一夜跨过温饱线。如今，18 位农民之一的严金昌，家里的 35 亩地已经全部流转，他住进了两层的小洋楼，还经营着一家农家乐，日子过得有滋有味。

严金昌的 5 个儿子中，有 3 个开农家乐，一个开超市，一个开澡堂，每个孩子的年收入都超过 10 万元。他们现在是不愁吃不愁穿，家家住着小洋楼，户户还想盖车库。

近年来，小岗人借助网络，把小岗村的特产卖向了全国，尤其是粉丝、黑豆等土特产销路很好。经营好的网店，一个月能卖两三万元。

小岗村还加大公共事业投入，全面提升群众的幸福感和获得感。

今日小岗村

5. 改变城乡的两件事

★一条河，改变了一座城

徐州丁万河，一条仅有12.5千米长的小河，几乎见证了梁开银老人的一生。

如今80多岁的他，每天都会拄着拐杖，来丁万河公园转上一圈。50多年前，年轻的梁开银，全程参与开挖了当时还仅是排水沟的丁万河。1984年，作为村主任的他，又带头参与疏浚丁万河的工作。

时光流转中，丁万河见证的，更是徐州从资源枯竭型城市，到国家水生态文明城市的巨大变化。

10年前，丁万河两岸布满煤炭码头，生活污水、工业废水横流。为了改善水环境，近几年来，政府对两岸进行了整治，并投资近5亿元，对河道进行疏浚，河道两岸沿线也进行绿化，丁万河公园周边环境好了，人气也旺了。

一条河，改变了一座城。2017年，我国全面推行河长制，丁万河也有了河长，除了河长日常巡河，徐州市还建立了一整套河长制工作制度，河长现场办公，及时解决巡河时发现的问题。当年，丁万河被水利部评为“最美家乡河”。

过去，河道保洁员一天要捞两三船垃圾；现在，水清岸绿，大家也不忍心往河水里扔垃圾，每天也就只能捞到几片落叶。大家都自觉地守护丁万河，守护家乡美。

美丽的丁万河

★“厕所革命”，让居民更“方便”

一座公厕，宛若城市的窗口，折射着城市的文明程度及品质。

现在，走进南京城乡许多地方，都能看到功能、“颜值”不一般的厕所。南京自“厕所革命”以来，已对全市1 500 多座厕所进行了提升改造，为城乡居民的美好生活提供“更方便”。

南京夫子庙，出新了核心景区内 8 座公厕，提供厕位 362 个，基本满足了大客流时段游客的需要。厕位大小根据游客舒适度进行了调整，游客在内更换衣物会方便很多；对公厕男女厕位比例重新进行了调整，由原来的 1∶1 变为 2∶3，重点向女性进行了倾斜；每个公厕由两名保洁员定岗清理，随脏随清，在旅游旺季，景区还将根据人流量适时增加保洁人员，提升保洁频次。

此外，夫子庙核心景区首次增设“第三卫生间”。在约 8

农村公厕

平方米的空间内，婴儿护理台、婴儿安全椅、幼儿坐便器、无障碍设施等一应俱全，方便了特殊人群。

夫子庙景区公厕实行 24 小时全天候免费开放，进一步完善外部指示牌，在重要出入口、景点周边等，设置公厕位置分布图，重新设计公厕标牌，提升辨析度，让公厕更“好找”。

宣传画：“厕所革命”

南京浦口区河滨路公厕，外部装修采用苏式园林设计，青墙黛瓦，造型古朴美观；内部设施则注重人性化、功能化，运用新科技满足居民需求。公厕内部干净整洁，丝毫没有异味，一进门的电子屏幕上，厕位使用情况、温湿度等一目了然；在地面增设收水管道，定时冲洗；增设鼓风机、排气扇，上、中、下三路通风，消除异味；通过智能监控软件，实现开门自动冲水、冲水量控制、紧急呼叫报警提示等。除此之外，公厕还设置了医药箱、自动擦鞋机、公共雨伞、共享厕纸等便民设施。